Star

星出版

新觀點
新思維
新眼界

複利效應

6 步驟引爆收入、生活和各項成就倍數成長

THE COMPOUND EFFECT

JUMPSTART YOUR INCOME, YOUR LIFE, YOUR SUCCESS

《成功》SUCCESS 雜誌前發行人暨總編輯

戴倫·哈迪 Darren Hardy 著

李芳齡 譯

謹將本書獻給：

我的父親傑利・哈迪（Jerry Hardy）；
他以身作則，
教我複利效應的準則。

我的導師吉姆・隆恩（Jim Rohn）；
他教我很多寶貴哲理，
包括向在乎的人闡述對他們有益的事物。

目 錄

不論你做什麼、學習什麼，
使用什麼策略或戰術，
成功是複利效應的結果。

推薦序

成功不是靠運氣

　　過去三十年，我有幸幫助超過四百萬人創造他們人生中的突破。我和各行各業、各個領域的人合作過，包括國家元首、囚犯、奧運選手、奧斯卡金像獎得主、億萬富豪創業家，或是才剛起步、還在辛苦打拚的新創企業家。

　　不論輔導對象是婚姻觸礁的夫婦，或是力圖重啟人生的服刑者，我的焦點總是擺在幫助他們達到真正可持久的成效。想要做到這點，沒有什麼仙丹祕方或神奇公式，唯有徹底了解那些阻礙、傷害許

多人，導致他們無法過有意義人生的型態，並且有效掌握、運用一些工具、策略與科學來打破那些型態。

　　本書作者戴倫和我，在年紀很輕的時候，就決心掌控自己的人生。我們向那些過著我們嚮往的生活的人們尋求解答，應用從他們身上學到的東西。我們兩人都說吉姆・隆恩（Jim Rohn）是我們的導師，這其實並不令人意外，因為隆恩非常善於幫助人們了解能夠引導他們邁向真正可持久成功的真理、原則和方法。

　　他教導我們：成功不是靠運氣，成功其實是一門科學；每個人的情況固然不同，但成功的法則適用於所有人。種瓜得瓜，種豆得豆；你不願意用心耕耘，就不可能獲得你想要的人生。如果你想要獲得更多愛，請施予更多愛；如果你想要獲致更大成

成功不是靠運氣，成功其實是一門科學；
每個人的情況固然不同，
但成功的法則適用於所有人。

就，請幫助其他人達成更大成就。當你學習並嫻熟成功的科學之後，你將獲致你想望的成功。

戴倫本人就是這個哲理的活生生例證。他言行一致，他在這本書分享的道理，就是他在生活中力行的原則與方法；我也在我的生活中奉行它們。

戴倫使用簡單、但在本質上非常重要的成功準則，24 歲就達到年收入破百萬美元，27 歲創立了一家年營收超過五千萬美元的公司。過去二十年間，他的人生就是學習研究如何成功這項主題的個人實驗室；他把自己當白老鼠，嘗試過數千種不同概念、方法與工具，經由自身的成敗，分辨出哪些概念與策略確實有效，哪些只是在胡說。

我和戴倫的交集超過十六年，他是個人發展領域的翹楚，和無數頂尖作家、演說家和思想領袖密切共事過。他訓練過數萬名創業者，為許多大公司提供諮詢服務，親自輔導過諸多優秀的執行長和高績效人士，並且從這些過程中濃縮、整理出真正關鍵、有效的方法與策略。

身為《成功》（SUCCESS）雜誌前發行人，戴

倫可謂立足於個人發展領域的核心。他訪談過眾多
來自不同領域的頂尖領導人，包括理查‧布蘭森
（Richard Branson）、柯林‧鮑威爾將軍（General
Colin Powell）、藍斯‧阿姆斯壯（Lance Armstrong）
等，和他們談論有關成功的各種主題，再從中消化、
整理出最棒的思想與洞見──其中有些甚至包含我
的。他全心投入於整理、消化、分析、分門別類，
得出個人成就的資訊百科全書。他去蕪存菁，聚焦
在真正重要的核心法則──那些你可以立刻運用在
生活中，也確實能夠產生顯著、持久成效的法則。

　　《複利效應》是一本入門手冊，教你如何擁有
系統、如何掌控生活，如何運用它來滿足你的需要
跟渴求。一旦你完全掌握到重點，善用它，你將無
往不利，無所不成。

　　這本書講的核心概念，也是我在自己的人生中
和輔導、訓練他人的工作中使用的理念，那就是：
你的決定形塑你的命運。你的未來，是你自己創造
的；每一天的小決策，將引領你邁向自己期望的人
生，或是導致你走向不幸與失敗。影響與形塑我們

人生的，其實是那些最小的決定。哪怕只是偏離軌道兩公釐，你的人生軌跡也將隨之改變；一個看似微小、無足輕重的決定，可能演變成現在的重大失算。

　　從吃什麼、到哪裡工作、花時間和誰相處、如何度過下午，每一個選擇都塑造了你今天的生活；更重要的是，你之後的生活。好消息是，改變與否，操之在你。兩公釐的失算，足以導致你嚴重偏離人生軌道；同樣的，兩公釐的調整，也可以把你帶回正軌。當然，竅門在於找到地圖，指引你正確的方位、抵達的路徑，告訴你如何保持在正軌上。

　　這本書就是你需要的行動計畫，既詳細又實際。從現在開始，請讓它激勵你的期望、破除你的假設、重新點燃你的好奇心，為你的人生創造價

你的決定形塑你的命運。
你的未來，是你自己創造的；每一天的小決策，
將引領你邁向自己期望的人生，
或是導致你走向不幸與失敗。

值。請務必善用這項工具，讓它幫助你創造你一直都想要的生活，獲致你一直想要達到的成就。如果你這麼做，如果你做到其他正確的事，而且每一天都持續這麼做，我確定你將能夠體驗到最棒的人生。

活出熱情！

安東尼・羅賓斯 Anthony Robbins
創業家、作家暨巔峰表現策略師

前言

成功是複利效應產生的結果

　　這是一本探討成功及如何贏得成功的書籍，你已經被迷惑、誤導得太久了，該是有人對你說實話了。成功沒有祕方和捷徑，你不可能每天花兩小時上網，一年就能賺到 20 萬美元。你也不可能在一週內減重 15 公斤，或是用一瓶青春霜，就抹掉你臉上二十年的歲月痕跡。

　　世界上沒有神奇小藥丸可以挽救你的愛情生活，也沒有任何聽起來好到令人難以置信的速效方法，可以幫助你獲致持久的成功。如果你能夠在你

家附近的大賣場，買到用精美貝殼包裝的成功、名氣、自尊、良好的人際關係、健康與幸福，那真的很棒，但根本是痴心妄想。

我們常常聽到愈來愈聳動、號稱可以不費力在一夜間致富，或是立刻就變得更苗條、更年輕、更性感的推銷話術，每次只要付 39.95 美元（新台幣 1199 元），付三次就好了！這種一再出現的行銷訊息，已經扭曲了我們對成功要素的認知，導致我們忽略簡單、但在本質上非常重要的成功準則。

我對這種現象感到厭煩，不想再坐視這類胡謅訊息危害人們。我寫這本書的目的，就是要把各位拉回正軌。我會幫助各位擺脫雜音，聚焦在真正重要的基本功上。你立刻就能夠在生活中落實這本書分享的練習和法則，它們都是歷經時間考驗的，可以產生持久、顯著的成效。

我會和各位分享如何運用「複利效應」（Compound Effect）的力量，它是對你的人生造成好影響或壞影響的一種系統；只要正確利用這套系統，你將可以徹底革新你的人生。「有志者事竟成」

這句話，大家應該都聽過？這句話當然是真的，但前提是你必須知道該如何做，這本書就是入門手冊，教你如何掌握這套系統。如果你能做到，你將心之所願，無所不成。

那麼，我又是如何知道複利效應是獲致終極成功的唯一過程？首先，我自己就在生活中應用這些原則。我討厭作者以自身名氣與成就，拍胸脯自誇、保證一定如何如何。有件事很重要，我必須在此聲明，那就是這本書所分享的東西，全部來自我的親身經驗，我提供的是活生生的證明，絕非人云亦云的理論。

就像安東尼‧羅賓斯在推薦序中所言，我自己因為確實奉行本書分享的準則，在事業上獲得顯著的成就。在過去二十年間，我認真研究成功案例和人類成就，花了數十萬美元測試、檢驗各種概念、方法和原理。我的親身經驗證明，不論你學習什麼、使用什麼策略或戰術，成功都是複利效應產生的結果。

再者，過去十六年，我一直是個人發展領域的

領導者之一，和不少備受推崇的思想領袖、演說家和作家合作過。我本身也是演說家和顧問，培訓過數萬名的創業人士，指導過不少商界領導人、企業高階主管和高成就人士。我從成千上萬的個案研究，整理出最有效的方法，直接淘汰行不通的部分。

第三，身為《成功》雜誌前發行人，我過濾掉成千上萬篇文稿與書稿，協助篩選出雜誌報導的領域專家，並且審閱所有論述。每個月，我會訪問六、七名頂尖專家，與他們交談各種有關成功的主題，汲取他們的最佳思想。我幾乎是天天大量閱讀、篩選關於個人成功的資訊，通常會花上一整天的時間閱讀。

當你能夠這麼詳盡地看到這個產業的各種觀點，向世界級的頂尖人士學習智慧與最佳實務，自然能夠得出非常清晰的洞察力，許多根本性的真

不論你學習什麼、使用什麼策略或戰術，
成功都是複利效應產生的結果。

理，立刻就變得很清楚。我看過、讀過、聽過這一切，當然不會被最新噱頭，或宣稱是什麼最新「科學突破」的話術給愚弄。

我看過太多榜樣、走過很多路，從跌跌撞撞中學到了真理。誠如我的導師、傑出的企業哲學家吉姆·隆恩所言：「這個世界上沒有什麼新原理。真理不會是新的，一定有歷史。要是有人說：『請過來看一下，我想讓你看看我做的一些古董。』請務必當心，因為古董不是新成品。」

這本書去除不必要的雜訊，只講真正重要的東西。什麼是真正有效的東西呢？有幾項基本原則。只要你能夠專注掌握這些原則，就能夠擁有系統，達成你渴望的目標，幫助你過你一直想要的生活。這些基本原則是什麼？接下來各章節會告訴你。

在開始之前，我想提出警告：成功並不容易取得，過程十分辛苦、沉悶，有時甚至枯燥乏味。想在你的領域內變得富有、影響力十足，躋身世界級水準，這段過程非常緩慢、艱辛。但是，各位請別誤解我的意思，只要好好遵循書中這些方法，幾乎

可以立竿見影,在生活中看到成效。不過,要是你厭惡辛苦工作、紀律、承諾,那就坐回去打開電視,把希望寄託在下一檔廣告吧──如果你有信用卡的話。

其實,你早就知道成功需要什麼,不是更多資訊,如果只是更多資訊的話,所有可以取得網路連線的人都能夠入住豪宅,練出一身結實肌肉,自此過著幸福、快樂的日子。你需要的不是新資訊或是更多資訊,而是一套新的行動計畫。是時候建立新行為、培養新習慣了,帶你遠離一些邁向成功的阻礙,就是這麼簡單。

本書有一些延伸資源,各位若是有興趣的話,可以造訪 TheCompoundEffect.com。這本書和我提供的各項支援小工具,是我曾經聽過、看過、研究過、試驗過的精髓整理。《成功》雜誌每個月不同主題所萃取出來的精華概念,差不多就在這本足以

想在你的領域內變得富有、影響力十足,
躋身世界級水準,這段過程非常緩慢、艱辛。

改變人生的小書裡了，而且這些原則其實很簡單。

我們開始吧！

第 1 章

複利效應實例

你聽過「沉著穩健者勝出」（"Slow and steady wins the race"）這句話嗎？否則總該聽過龜兔賽跑的故事吧？各位女士先生們，我就是烏龜，請給我足夠的時間，我可以在任何比賽、任何時間打敗幾乎任何人。為什麼？並不是因為我最優秀、最聰明，或是速度最快；我之所以勝出，是因為我培養出來的好習慣，以及我保持那些良好習慣所維持的紀律。

我是世界上最忠誠的持之以恆信仰者，它是成

功的終極之鑰，我自己就是個活生生的例證。這也是人們最難做到的最大陷阱之一，大多數的人都不知道如何維持良好的習慣，但是我知道，這都得感謝我的父親；基本上，他是人生中為我啟動複利效應力量的第一位教練。

我父母在我一歲半時離婚，我爸就這樣以單親爸爸的身分撫養我長大。他不是那種溫柔呵護型的暖男爸爸，他以前在大學擔任美式足球教練，從小就訓練我追求成就。

我真的要感謝我爸，我每天早上六點就被叫醒。等等，我說的可不是那種輕柔地拍拍肩膀，或是愜意地被鬧鐘收音機的樂音給喚醒。都不是，我的房間隔壁就是車庫，每天清晨六點，我會被鐵器重複重擊水泥地的聲音給吵醒，就好像工地沉重的打樁聲一樣。

我爸在車庫的牆壁上，貼了一幅大字標語：「不勞無獲。」（"No pain, no gain."）每天早上六點一到，他就開始在車庫裡頭練舉重——老派硬漢的硬舉、瞬發上膊、弓箭步、深蹲等。不論晴天、雨

天或下雪天，他總是穿著短褲和破爛的長袖圓領運
動衫準時做運動，不曾間斷過一日，作息準到可以
校正手錶。

　　至於我的日常居家雜務，比女傭和園丁的加起
來還多。放學回家，總是有一張清單等著我，告訴
我要做什麼，舉凡除雜草、掃落葉、打掃車庫、除
塵、吸地、洗碗……你想得到的各種家務事，我都
做過。學校課業落後？不可能，我爸不容許這種情
況發生。

　　他是「不准找理由」的鐵血代言人，除非真的
吐了、流血或「傷到見骨」，否則我們不可能向學校
請病假。「傷到見骨」這種事，源自他擔任教練的時
期，他的球員知道，除非他們在球場上嚴重受傷，否
則不容許下場。有一次，他的四分衛請求下場，我
爸說：「除非你傷到見骨」，那個四分衛拆下墊肩，
果然傷到連鎖骨都露出來了，我爸才讓他下場。

　　我爸的核心哲學之一是：「不管你聰不聰明，
都必須藉由努力，來彌補你在經驗、技能、智識
或天生能力上的不足。如果你的競爭者比你更聰

敏、天賦更好，或是更有經驗，你只要比他們更努力三、四倍，還是能夠擊敗他們！」他教導我，不論面對什麼挑戰，都可以藉由努力來彌補原本的弱勢。

罰球投不進？那就天天練習罰球一千次，練上一個月。左手運球不好？那就把右手綁在背後，天天練習左手運球三個小時。數學成績差？那就專心聚焦在這門學科上，找個家教，整個暑假跟它拚了，直到搞懂為止。真的沒有什麼藉口，如果有什麼不擅長的，那就更努力一點，用更聰明的方式學會。我爸是個言行一致的人，從大學的美式足球教練，變成一位傑出的銷售人員，再變成主管，最後開了自己的公司。

但他其實沒有給我們很多的指示，打從一開始，他就讓我們自己去領悟。他是個很看重個人責

不管你聰不聰明，都必須藉由努力，
來彌補你在經驗、技能、
智識或天生能力上的不足。

任感的人，不會每天晚上盯著我們寫功課，我們必須自己交出成績。當然，要是交出好成績的話，就會得到表揚。他會帶我們到 Prings 冰淇淋店，那裡有特大號的香蕉船，就是六球冰淇淋加上很多配料的那種。我的手足有多次未能在學校取得好成績，所以就不能去。當時，能去 Prings 冰淇淋店，可是了不得的賞賜，所以我們當然卯足全力，贏得獎勵。

　　我爸自身紀律嚴明，為我樹立了良好的榜樣。他是我的偶像，我希望他以我為榮，所以我也害怕令他失望。他的人生哲學之一就是：「勇於當個說『不』的人。隨波逐流，不會有什麼偉大的成就，要成為不凡的人，卓越的人。」所以我從來不碰毒，他從來不需要向我叮囑這件事，我不想當個人云亦云的人，我不想讓我爸失望。

　　因為有這樣一位父親，我在 12 歲時的日程安排，就足以媲美最有效率的執行長了。有時候，我當然也會發牢騷、怨嘆（畢竟我還只是個孩子！），但抱怨歸抱怨，我還是喜歡知道自己略勝同學一

籌。在專注、負責這兩點上，我爸培養我適當的紀律和心態，給了我一個非常好的起步優勢，讓我學會努力達成自己設定的目標——《成功》雜誌的標語是：「成就者閱讀的刊物」，這並非巧合。

現在，我爸有時會和我開玩笑說，他把我訓練成一個上癮的過度完成者。我在 18 歲時，就靠事業賺得六位數美元的收入；20 歲，我在一個高級社區買了房子；24 歲，我的年收入超過百萬美元；27 歲，我正式成為白手起家的富豪，事業年營收超過五千萬美元。撰寫本文的現在，我還未滿 40 歲，但我擁有足夠的錢和資產，下半輩子可供養我的家庭無虞。

我爸說：「教養孩子失敗的方法有很多，至少我的看起來還不賴嘛，你表現得似乎挺好的！」

我得承認，有時我必須什麼事也不做，沉浸在當下，或是安靜地在沙灘椅上悠閒放鬆一下，而且

勇於當個說「不」的人。
隨波逐流，不會有什麼偉大的成就。

不能帶商業書或自我成長的有聲書。我由衷感激多年來，我從父親和其他導師身上學到的成功技能。

《複利效應》這本書，揭露了我的成功「祕訣」。我是「複利效應」的忠實信仰者，我父親鞭策我天天實踐，直到我再也無法用其他方式生活，即便我想嘗試，也行不通。

但如果你跟大多數的人一樣，應該就不是「複利效應」的忠實信仰者。這不奇怪，有很多原因可以理解，可能你並未獲得同樣的訓練，身邊也一直未曾出現過類似的榜樣，或是尚未體驗到複利效應的好處。

我們的社會整體，顯然容易遭受欺騙。很多行銷話術會催眠我們，讓你相信自己有一些問題（其實你沒有），這樣他們才能對你銷售可立即「矯正」這些問題的解方。我們有時過度社會化，天真相信電影和小說中的童話結局，忽視「持之以恆努力」的優良傳統價值。接下來，就讓我們逐一檢視你可能遭遇過的一些阻礙。

你還沒有體驗過複利效應的好處

「複利效應」指的是：從一系列小而明智的抉擇，獲取巨大的報酬。對我來說，這個過程最有趣的一點是，儘管成效巨大，但在行動的當下，並不會覺得那些行動舉足輕重，不論你使用這項策略來改善健康、人際關係、財務或其他層面，改變都很細微，可能幾乎沒有察覺。而且，這些小小的改變，並不會產生什麼立即性的效果，你不會大有斬獲，立刻獲得那種「看吧！我沒騙你」的明顯回報。那麼，為什麼還要白費功夫？

就因為複利效應的概念很簡單，絕大多數的人卻未能有效掌握。舉個最常見的例子來說，你可能跑步八天之後，就半途而廢了，因為你的體重還是過重。或者，你練鋼琴半年就停止了，因為你最會彈的還是〈筷子〉（"Chopsticks"）那首小曲。再不然，就是幾年後，你就停止提撥部分所得到個人退休帳戶了，因為那些錢可以拿來花用，反正那個帳戶累積了幾年，好像也沒有存多少嘛。

　　這些人不知道的是，那些看起來好像無足輕重的小步驟，只要持之以恆，歷經足夠時日，將會產生巨大的不同。

明智的小小抉擇 ＋ 持之以恆 ＋ 時間 ＝ 大不同

　　下列提供一些詳細例子。

神奇的一分幣

　　兩個選項讓你選，你會選擇哪一個？

　1.）現在馬上獲得 300 萬美元現金；

　2.）現在獲得一美分，但是價值每天翻倍，連續翻倍 31 天。

　　如果你之前聽過這個小測試，大概知道應該要選第二個，因為一美分的價值連續每天翻倍 31 天之後，將會滾出更巨額的財富。如果是這樣的話，為何在現實生活中，人們如此難以相信那一美分終將生出更多錢？很簡單，因為必須等到遠遠更久以後，才能夠實際看到這筆報酬。接下來，我們先來剖析一下這個案例。

假設你選擇馬上獲得 300 萬美元的現金，你朋友選擇了一美分，天天翻倍增值。到了第五天，你的朋友擁有 16 美分，你擁有 300 萬美元；第十天，你的朋友擁有 5.12 美元，你擁有 300 萬美元。此時，你覺得你朋友對自己的選擇作何感想？你花用著百萬美元，盡情享受，對自己的選擇開心不已。

過了整整二十天之後，離連續翻倍 31 天，只剩下 11 天了。你朋友的一美分，只滾出 5,243 美元。此時，她心中有何感想？她做出了犧牲和正確的行為，但是過了二十天之後，她所選擇的財富，也不過才微幅超越 5,000 美元，你還是擁有 300 萬美元。然而，接下來原本不顯眼的複利效應神奇力量，才要開始變得顯著。到了第 31 天，同樣的每日倍增數學公式，把你朋友的那一美分，滾成了 10,737,418.24 美元，是你的 300 萬美元的三倍有餘。

這個例子讓我們看到持之以恆的重要性，在第 29 天時，你擁有 300 萬美元，你朋友擁有約莫 270 萬美元；到了第 30 天，你朋友的財富才首度超越你，達到 530 萬美元。一直要到這場歷時一個月的

超級馬拉松的最後一天，你朋友才以 10,737,418.24 美元的財富，壓倒性地勝過你的 300 萬美元。

　　複利滾錢的神奇力量，令人驚嘆的程度，在世上少有其他事物可以媲美。令人驚奇的是，在我們生活的每個領域，複利效應都具有同樣威力。接下來，我們來看另一個例子。

三個朋友

　　有三個傢伙，從小一起長大，住在同一個社區，各方面的發展都很雷同。三個人的年收入都在五萬美元左右，全都已婚，健康、體重都一般，只是婚後有點發福。

　　第一個朋友，我們姑且稱他為 A 先生。他繼續原本的工作與生活型態，自覺幸福滿意，但偶爾會抱怨一切一成不變。

　　第二個朋友 B 先生，則開始做出一些看似無足輕重的小小有益改變。他每天會看一本好書十頁，在通勤的路上聽 30 分鐘教育或勵志的音頻內容。他想看到自己的人生有所改變，但不想特意大

費周章。他最近剛好讀到《成功》雜誌訪談電視名人梅默特・奧茲醫生（Dr. Mehmet Oz）的文章，選擇了其中一項建議在生活中落實，那就是每天減少攝取 125 大卡。

每天減少攝取 125 大卡，這件事看起來好像沒什麼難度。也許，早餐少吃一杯穀物，或是少喝一罐汽水，改喝汽泡礦泉水，或是把三明治的美乃滋改為芥末醬，這件事似乎不難做到。除此之外，B 先生每天也開始多走幾千步（幾千步還不到一英里的距離。）這些事沒什麼大的壯舉，也不特別費力，幾乎人人都能做到，但他決定堅持這些選擇。他知道，這些小改變雖然簡單，但也很容易半途而廢。

第三個朋友 C 先生，則是做出了一些糟糕的抉擇。他最近添購了一台大螢幕電視，可以更盡情觀賞他喜愛的節目。他在美食頻道（Food Channel）看到了一些美饌佳餚，一直在試做，而他的最愛是起司砂鍋和各式甜點。喔！對了，他還在家裡裝了一座吧台，每週多喝一杯酒精飲料。其實，也沒什麼特別瘋狂的行為，他只是想在生活中

增加一點樂趣。

就這樣過了五個月，三人之間感覺不出什麼明顯差別。B 先生每晚持續看點書，在通勤的路上聽音頻；C 先生持續「享受」生活，少做點事；A 先生則是一切照舊。三個人雖然各有行為模式，但是五個月的時間還不夠長，不足以看出他們的境況有何實質進步或退步。事實上，如果你測量三個人的體重，把小數點後面的數字去掉，看起來跟之前的相同。

過了十個月，可能還是看不出這三人的生活有啥太大變化；直到第十八個月的月底，才能看出這三個朋友的外觀有了輕微改變。

但是，約莫到了第二十五個月，一些明顯差異就開始浮現了。到了第二十七個月，差異持續擴大。到了第三十一個月，變化驚人，C 先生變胖了，B 先生變瘦了。每天減少攝取 125 大卡，到了第三十一個月，B 先生成功甩掉了 15 公斤！

---

31 個月＝ 940 天

940 天 × 每天 125 大卡＝ 117,500 大卡

117,500 大卡 ÷7,700 大卡（1 公斤脂肪）＝ 15.26 公斤

在同一段期間內，C 先生每天只多攝取 125 大卡，兩年半之後，體重就增加了 15 公斤。一個變瘦了，一個變胖了，這一加一減，他就比 B 先生重了 30 公斤！不過，兩人之間的差異，還遠遠不只是體重而已。B 先生在這兩年半的時間內，投資了將近 1,000 個小時閱讀好書和聆聽自我成長的音頻，並且積極落實自己獲得的新知，獲得加薪和升遷；最棒的是，他的婚姻幸福美滿。C 先生呢？他的工作不怎麼愉快，婚姻觸礁。至於 A 先生？和兩年半前差不多，只是現在對這一成不變，似乎又多了幾分不滿。

這個小故事雖然有點簡化了真實條件，但複利效應的非凡效力，就是這麼簡單。能夠善用複利效應的受益者與蒙害者之間的差異，可能令人難以置信。只要時間夠久，看起來就會很神奇，簡直就像

變魔術或量子躍進。在三十一個月（或三十一年）之後，善用複利效應正面特質的人，看起來彷彿「一夜之間成功」，其實他／她的顯著成功，是明智的小小抉擇長期持之以恆所產生的結果。

漣漪效應

　　我知道，前述這個例子的結果似乎十分戲劇性，但還不止於此呢！事實上，即便只是一個小小的改變，也可能產生顯著的影響，激起無預期的漣漪效應。我們且拿 C 先生的一項壞習慣──比以前更常吃油膩食物──來檢視一下，就能夠了解複利效應的負面作用，以及一些小事如何可能激起影響整個人生的漣漪效應。

　　C 先生看美食頻道教的一道食譜，自己動手做了一些瑪芬。他對成品感到驕傲，他的家人也很喜歡。這件事感覺起來似乎很有價值，所以他開始經常烘焙瑪芬和其他甜點。他喜歡自己下廚的感覺，吃得也比分享出去得多，只是沒人注意到罷了。

　　但是，吃得多，導致 C 先生晚上睡得不好，

早上起床後精神不佳，整個人變得煩躁起來。煩躁和睡眠不佳開始影響到他的工作表現，他的生產力降低，主管對他的評價變差了。每天工作結束時，他對自己的工作也感到不滿，幹勁降低，通勤回家的路似乎變長了，壓力也變大了。這一切，導致他更向食物尋求慰藉——壓力大的人往往如此。

活力變差的 C 先生，現在比較少和太太出去散步了。他壓根兒提不起勁來，兩人相處的時間變少，太太覺得他變得冷淡，對此心生不滿。兩夫妻一起做的活動變少了，C 先生呼吸新鮮空氣和運動量減少，幫助他保持樂觀、愉悅的腦內啡分泌量減少。由於變得不如從前快樂，他開始挑剔起自己和他人，不再讚美他的太太。此外，隨著身材發福，他變得愈來愈沒自信，覺得自己的吸引力降低，整個人變得愈來愈不浪漫。

但是，C 先生並沒有發現到，他對太太的欠缺活力與愛慕如何影響到她。他只知道，他覺得愈來愈不對勁，甚至開始沉迷於深夜電視節目，因為這讓他可以放鬆、分心一下。太太感受到他的冷淡疏

遠，當然開始抱怨，繼而要求。當她嘗試過都行不通之後，也開始變得冷淡，以保護自己。她感覺寂寞，於是把心力投注在工作上，花更多時間和女性友人相處，以彌補她在陪伴這一塊的空缺。後來，開始有男人撩她，讓她再度覺得自己有魅力。當然，她並沒有出軌背叛老公，但 C 先生感覺不大對勁。他當然沒有認知到，是自己糟糕的選擇和行為，才是導致他們夫妻問題的根源，反而怪罪起他的太太。

認為錯在他人而不自省，進而改正自己的錯誤，是心理學最常見的基本課題。以 C 先生的情況來說，他不知道如何向內求，畢竟《頂尖主廚大對決》(*Top Chef*) 或是他喜歡的犯罪節目，並沒有提供關於自我成長或人際關係方面的忠告和建議。當然，他或許有想過，若是他閱讀好友 B 先生那些個人發展主題的書籍，或許能夠學到一些改善不良習慣的好方法。不幸的是，對 C 先生來說，他在日常生活中做出的那些小選擇形成了漣漪，對生活的眾多領域造成巨大的破壞。

　　持之以恆減少卡路里的攝取和閱聽知識內容，對 B 先生所造成的影響，當然與 C 先生的相反；他現在正在收割豐碩的成果。隆恩的另一個徒弟傑夫‧歐爾森（Jeff Olson）在《微小優勢》（*The Slight Edge*）這本書中指出，這是「日日重複簡單紀律」與「日日重複錯誤判斷」的差異。雖然這些事看起來好像都很簡單，但那是因為我們置身事外。各位請務必記得一點：持之以恆，歷經足夠時日，結果就會變得十分顯著；甚至更好的是，結果是可以預期的。

　　複利效應可以預期、也可以衡量，這是絕佳的好消息！知道自己只要持之以恆，採取一連串的小行動，歷經足夠時日，就能夠顯著改善人生，這不是很鼓舞人嗎？比起大費周章採取一些行動，把自己搞得精疲力盡，後來因為做不大到，又得重振精力，努力做出另一番嘗試（而且可能又不成功），這聽起來比較容易，不是嗎？那些必須費力改變自己的方法，我光是想到就累了；可惜的是，絕大多數的人在現實生活中，並不是這麼想的，也不是這

圖表 1.1

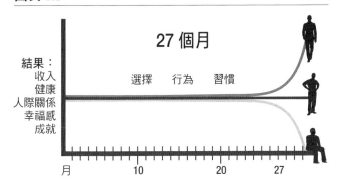

複利效應的美，在於它的簡潔。請注意圖表左側，初期雖然看不到成效，但是到了後來，效力顯著。行為一路上都是一樣的，但複利效應的神奇力量最終發威，產生了截然不同的結果。

麼做的。這個社會把我們塑造成相信一次性壯舉的成效，哎！典型的美式風格。

老派的成功之道

　　不過，要落實複利效應最具挑戰性的一點也是，必須長期一貫地有效率努力一段時日，才能夠開始看到回報。我們的祖父母都知道這件事，雖然他們沒有每晚黏在電視機前，著迷地觀看一些如何在 30 天內瘦大腿，或是在半年內擁有大批房地產

的資訊型廣告。我敢說，你的祖父母每週工作六天，從日出工作到日落，使用年輕時學到的技能，一輩子都這麼做。他們知道，祕訣就是努力、紀律與良好的習慣。

俗話說：「富不過三代」，但富二代窮敗的情形，也很常見。過度富裕往往容易導致懶散心態，形成久坐不動的生活型態，富人的孩子尤其容易如此，他們不是養成紀律與性格而創造出財富的人，因此對財富的價值觀，可能不同於實際創造財富的上一代，或是不懂得如何守住財富。這種養尊處優的繼承心態，我們很常在皇室、電影明星和企業高階主管的下一代身上看到。其實，現在到處都有不少小孩和成年人有這種心態，只是程度比較輕微。

隨著科技進步、生活變得愈來愈富裕，美國人似乎已經不了解、不重視敬業精神的價值。有兩、三個世代的美國人，生來就享有繁榮、富裕和舒適、安逸。我們對創造持久成功所需的要素——恆毅力、努力、堅忍等——期望不高，甚至已經大致遺忘了這些要素。父執輩們的努力競爭與奮鬥，我

們不再敬重；他們辛勤培養出紀律，雕塑出品格，鍛鍊開疆闢土的勇敢精神。

　　翻閱史頁，古埃及、希臘、羅馬、西班牙、葡萄牙、法國、英國等，所有偉大帝國都受到自滿的影響。為什麼？因為沒有什麼比成功更容易導致衰弱，曾經制霸一方的帝國就是因此衰敗。人只要達到相當成就之後，很容易就會變得太安逸。

　　歷經長期的繁榮、健康和富庶之後，我們變得自滿了起來，不再做那些引領我們達到目前如此境界的事。我們就像溫水鍋裡的青蛙，不會跳出鍋子，邁向自由。水溫加熱緩慢持續，使人不知不覺，沒有注意到自己正被煮熟當中！

　　想要成功，就必須重振我們祖父母輩的敬業精神。是時候正視品格了，就算不是為了更高尚的情操，至少是為了你自己的成就與滿足感。別輕易相信速效的神話，你當然還是可以空坐在沙發上想著賺錢，或是努力找一些旁門左道的捷徑，迷信一些行業話術與傳說，但很多都是專攻你軟肋的商業戲法。真正持久的成功，必須靠努力，而且是很多的

努力！

　　關於成功容易招致失敗，我有一個真實的小故事可以和各位分享。在我聖地牙哥海灘住家的附近，有一家新開張的餐廳，一開始一切都很完美，老闆娘對所有客人都笑容滿面、服務周到（餐廳經理親自詢問客人，確認客人滿意。）餐廳的菜餚十分美味，很快地，來客便開始大排長龍，經常得等上一個小時才有座位。

　　店鋪營業成功，使得餐廳人員開始自滿起來，老闆娘待客變得傲慢，服務人員的手腳也怠慢起來；更糟的是，餐點的品質開始不穩定。結果，才短短一年半的時間，這家餐廳就關門大吉了。一開始的成功，導致他們的失敗；更確切地說，他們停止做起初讓他們成功的事。成功的光環矇蔽了他們，令他們懈怠。

微波心態

　　了解複利效應，將使你擺脫「立竿見影」的期望，使你不再相信成功的到來，應該和速食餐點、

一小時速配眼鏡、快照、快遞、微波蛋、熱水器、
即時通……等你想得到的快速服務一樣快。

　　請對自己許下承諾，你會永遠甩掉你對中樂透
頭彩的期望。好好面對事實吧！你只聽過「一個」
頭彩中獎者的故事，沒有聽過千百萬個槓龜者的故
事。當你看到某個人在拉斯維加斯吃角子老虎機前
手舞足蹈，或是在加州聖塔安妮塔（Santa Anita）
的賽馬場上高興地跳上跳下，但你沒有看過這個人
輸了幾百次時的失落模樣。

　　若拿數學計算出的機率來看，把小數點後面的
數字去掉，你的中獎機率為 0。哈佛大學心理學教
授丹尼爾・吉伯特（Daniel Gilbert），也是《快樂
為什麼不幸福？》(*Stumbling on Happiness*）一書作
者說，如果我們給每位彩券槓龜者 30 秒的時間，
在電視節目上宣布：「我槓龜了！」，那得花上至少
九年的時間，才能讓所有的槓龜者把話說完！

　　當你了解複利效應如何運作之後，就不會再渴
求快速解方或不切實際的捷徑了。請別再欺騙自己
了，一位表現非常出色的運動員，肯定經過千錘百

鍊，才有今日的成就。他天天早起練習，別人都停了，他還在繼續練。他絕對品嚐過失敗的痛苦，也知道沮喪和孤獨為何物，經過不斷地努力、反覆失望，最後成為第一。

　　我希望你在看完這本書時，甚至在還沒看完時，已經深刻認知到，你唯一的成功途徑就是日積月累維持單調乏味、時而困難的日日紀律；同時也認知到，如果你能夠善用複利效應的力量，終究可以實現你夢想的成果，過你想要的生活。好好善用

圖表 1.2

複利效應一直都在發揮作用，你可以選擇讓它為你帶來正面助益，或是忽略它，直到某日體驗到這強大的法則帶來的負面效果。不論你現在的處境落於圖表何處，從今天開始，你可以決定做出簡單的正面改變，讓複利效應發揮正面效益，把你帶到你想望的境界。

本書分享的原則，你可以打造出自己想要的結局。

　　經過這一章，我說得夠清楚了嗎？很好。接下來，請隨我進入下一章，我們來探討左右你人生的某件事，每次的成功、失敗、小輸、小贏都始於它。你的人生此刻擁有或尚未擁有的所有事物，全都是因為它。學會改變這件事，就能夠改變人生。我們來看看它是什麼……。

你可以這樣運用複利效應

> ↗ 寫下你常常使用的一些藉口，例如：不夠
> 聰明、沒有經驗、家裡環境不好、教育程
> 度不夠等。請下定決心用努力和個人發展
> 來戰勝任何人，包括舊的自己。
>
> ↗ 效法 B 先生，寫出五、六項看似無足輕重、
> 你能夠天天實踐，可以把你的生活帶往全
> 新、正面方向的微小行動。
>
> ↗ 別成為 C 先生，寫出一些看似無足輕重、
> 但可能導致你倍速向下沉淪的微小行動，
> 停止做這些事。
>
> ↗ 列出你過去最成功的領域、技能或成果。
> 想一下，你是否把它們視為理所當然，並
> 未持續追求進步，很可能陷入自滿的陷阱
> 中，在未來走向失敗？

第 2 章

選擇

　　我們全部都以同樣的面貌來到這個世界上——
赤身裸體，既害怕又無知。拿到這張入場券之後，
每個人的人生，就是每日所做的所有選擇加總起來
的結果。選擇，可以是我們的最佳朋友，也可以是
我們最強大的敵人；它能帶我們抵達目的地，也能
把我們推向遙遠的銀河。

　　請認真想一下這件事：你的人生現在所存在的
每一樣事物，都是因為你先做出了某項選擇；所有
的結果都是源於選擇，每個選擇會開始一種行為，

歷經時日，就變成一種習慣。一旦你做出了糟糕的選擇，很可能就得從頭再來，被迫做出往往更困難的新選擇。但如果你完全不主動選擇，就是選擇成為被動接收者，順應任何發生在你身上的事。

基本上是這樣的，你做出選擇，然後你做的選擇，形塑你的人生。每一個決定，不論大小、不論輕重，都會改變你的人生軌跡，例如：上大學與否；和誰結婚；開車前喝下那最後一杯酒；選擇一起八卦或保持沉默；再打一通電話拜訪潛在客戶，或是今天工作就做到這裡；要不要說「我愛你」等。你所做的每一個選擇，都對你人生的複利效應有所影響。

本章的內容旨在提醒你留心做出對擴展人生有益的選擇，這聽起來好像有點複雜，但在看完這一章之後，你會訝異，其實很簡單。從此，你 99％ 的選擇將不再是無意識所做的，你大多數的日常作

每一個決定，不論大小、不論輕重，
都會改變你的人生軌跡。

息與習慣，將不再是慣性反應。你會開始自問（並且能夠回答）：「這些行為，有多少不是經過我的選擇？有哪些不是我有意識選擇去做，卻天天都在做的事？」

我使用一些很簡單的防呆策略，再運用複利效應的強化力量，來推動生活與事業的成長。如果你也能夠使用這些策略，將能擺脫那些鬆懈你的人生，把你拖往錯誤方向的神祕之爪。在誤入歧途之前，你將能夠學會選擇按下暫停鍵，你將能夠體驗到做出正確選擇的益處；這些選擇能夠導向每一次都能支援你、對你有益的行為與習慣。

不過，你最大的挑戰，並不是你一直刻意做出糟糕的選擇。拜託！要是這樣的話，問題很容易解決。你最大的挑戰就是，你一直都像在夢遊般做出選擇，泰半甚至不知道自己正在做出選擇！我們的選擇往往受到文化和教養的影響，每個人的選擇可能和日常行為與習慣深深結合在一起，感覺好像無法掌控。

你是否有過這樣的經驗：工作和生活原本順心

如意；突然間，你沒來由地做出某個愚蠢的抉擇，或是一連串的小選擇，最終破壞了你的努力和動能？當然，你不是故意要搞砸的，但因為沒能好好思考你的抉擇，沒能好好衡量風險與可能後果，導致你必須面對非預期的結果。這世上沒有人好端端地會故意讓自己過胖、破產或離婚，這些結果通常是一連串的糟糕小抉擇所累積造成的。

大象不咬人

　　你被大象咬過嗎？你被蚊子叮過吧？咬你的都是生活中的小東西。偶爾，我們會看到某些大錯突然發生，危及到工作或聲譽，例如：知名喜劇演員在單人秀中說出侮辱種族的話；喝醉酒的反猶太人士嘲諷一位曾經受到讚揚的人道主義者；反同志權的參議員被發現在洗手間引誘男同志性愛；受到讚賞的女網球員不尋常地重砲攻訐某位官員。這類糟糕的選擇顯然會產生嚴重的後果，但縱使你過去曾經捅過類似婁子，也算不上極端災難，不是我們這裡要談的那種錯誤時刻。

　　對絕大多數的人來說，看似無關緊要的經常性小選擇，才是關鍵所在——我說的就是那些你以為完全不會有什麼影響的決定。必然且可預期將會妨礙你成功的，其實就是這些小小的決定。不論是愚蠢之舉、看似沒啥大不了的行為，或是表面上看起來很有益、實則不然的選擇（這類選擇的危害性可能甚至更大），這些看似無足輕重的決定，可能因為你一點也不在意，導致你脫離正軌。

　　你可能因為一下子無法負荷太多，一不留神就錯失方向，並未察覺那些導致你脫軌的微小行動。此時，複利效應也會發揮作用，還記得第 1 章說過的嗎？複利效應一直都在發揮作用，但此時是對你發揮有害的負面作用，因為你⋯⋯宛如在夢遊般，不經意地選擇了那些微小行動。

　　舉個生活中最常見的例子，你灌了一整瓶的汽水、磕掉了一整袋的洋芋片，在吃掉最後一片洋芋

看似無關緊要的經常性小選擇，
才是關鍵所在。

片時，你才突然發現，你把一整天的健康飲食給毀了，你甚至是在根本不餓的狀態下，迅速嗑掉那瓶汽水和那袋洋芋片。然後，你在不知不覺中，看了兩小時沒營養的電視節目——唉，算了！留點面子給你，你看了兩小時「有教育意義」的紀錄片，這才發現忘了要為一位重要客戶準備簡報。

　　回想一下，你是否曾經未經思考，就脫口而出對心愛的人撒了個謊，但其實明明沒那個必要，說實話也沒關係。為什麼會有這種情況發生，這到底是怎麼一回事？因為你讓自己不假思索地做出選擇。如果你繼續不經意地做出選擇，就無法有意識地選擇改變那些有害的行為，培養一些有益的習慣。該是時候清醒了，為自己做出有益的選擇。

愛的複利效應：感恩的一年

　　指責他人很容易——「我沒能成功，都要怪我那個無能的上司」；「要不是我的同事在背後捅我一刀，我早就升遷了」；「我的脾氣一直都不大好，都是因為我的小孩，他們快把我給逼瘋了！」

在兩性關係中，我們善於指責的本領發揮到淋漓盡致，不管對方是不是真的需要改變的那個人。

　　幾年前，我有個朋友抱怨他的太太。根據我的觀察，她是位很棒的女士，有這樣一位賢內助，他真的很幸運。我當然也是這樣告訴他的，但他繼續抱怨，說他不快樂都是她造成的。所以，我就跟他說了我一個親身經驗，那次經驗改變了我的婚姻。

　　某一年的感恩節，我決定為我太太寫一本感恩日誌。在那一整年的每一天，我記錄了至少一件我感激、欣賞她的事，例如：她和朋友互動的方式；她細心照顧家裡的狗；她幫忙換洗新床單；她煮了美味的一餐；她今天的頭髮很美等。我留心注意她今天做了什麼令我感動或令我心動的事，或是彰顯出哪些令我欣賞的特質、個性或素養。就這樣，我偷偷記錄了這本日誌一整年，到了年末，整本日誌寫得滿滿的。

　　到了感恩節那一天，我把這本日誌送給她，她感動到流淚，說這是她有生以來收過的最好的禮物，甚至比我在生日當天送給她的 BMW 還棒！最

有趣的一點是，受到這份禮物影響最大的人，其實是我！每天寫這本日誌，迫使我聚焦在我太太好的層面；我刻意尋找她做得好、做得對的所有事情，這種由衷的聚焦，使我不去注意我可能會抱怨她的任何事，也讓我再度深深愛上她，甚至可能比之前更愛她，因為我發現了她性格與行為中比較難察覺的細微之處，不再是那些明顯的特質而已。

我每天用心、用眼睛去欣賞、感激、尋找她最美好的表現，這使得我在我們的婚姻關係中，擁有不同於以往的表現。當然，這也改變了她對我的反應；於是很快地，我就有更多東西可以記錄在感恩日誌裡！只因為我選擇每天花五分鐘的時間，記錄我感激、欣賞她的種種原因，我們度過了結婚以來最美好的其中一年，而且我們的婚姻自此變得更美好。

聽完我分享這個經驗以後，我朋友決定仿效一下，也為他的太太寫一本感恩日誌。結果，不出幾個月，他對自己的婚姻就完全改觀了。選擇尋找、聚焦在他太太的良好特質，改變了他對她的看法，

進而改變他倆的互動。他太太對他的回應也因此不同，這種良性循環持續下去；或者，我們可以說：複利倍增。

☑ **請使用書末附錄的「感激量表」。**

100%所有權感

我們全都可以是白手起家的男男女女，但只有成功人士會讓人承認這點。18 歲那年，我參加了一場研討會，學到「個人責任感」的概念。自此，這個觀念徹底改變了我的人生，就算你完全不採納本書其他的原則與方法，只接受這個觀念，你的人生將在兩、三年內大幅改變，你的親友可能很難想起「以前的你」。

在那場研討會上，主講者問：「為了維持一段人際關係，你有多少比例的共同責任？」當時，我正值青春年少，自認為很懂得真愛之道，當然知道答案。

「50／50！」我脫口而出。這不是很明顯、簡

單的道理嗎？雙方必須共同分擔責任，否則就有一方被占便宜嘛。

另一位聽眾大喊：「51／49！」他認為，必須願意比對方多付出一點，畢竟良好的關係建立在自我犧牲與寬宏大度上，不是嗎？

「80／20，」另一位聽眾說。

此時，主講者轉身，走到白板前，用黑色大字寫出「100／0」。他說：「你必須願意付出100％，而且不期望獲得任何回報。當你願意承擔維持關係的100％完全責任，這段關係才能夠真正維持，否則純粹靠運氣經營的關係，總是有可能失敗。」

哇！這不是我預期聽到的答案，但我很快就了解到，這個觀念如何改變我人生的每個領域。如果我對人生中的每一項經歷，總是負起100％的責任，對自己的所有選擇和如何回應人生各項遭遇所做的反應，都承擔100％的責任，力量就操之在我，一切取決於我。我對我所有的作為、不作為，以及如何回應人生中各項遭遇所做的反應負起責任。

我知道，你此刻應該認為，你當然對自己的人

生負責。我遇過的人都這麼說：「我當然對自己的人生負責。」果真如此？只要看看絕大多數世人的行為——不斷地指責他人、受害者心態、推諉責任、期待別人或政府來解決問題，如果你曾經怪塞車害你遲到，怪小孩、另一半或同事做了某件事，害你心情很糟，你就沒有負起 100% 的個人責任。

　　你開會遲到，是因為影印機被占用了，文件還沒印好？也許，你不應該等到最後一刻才印？因為同事的關係，簡報搞砸了？在做簡報之前，你難道不應該再親自檢查過一遍？你覺得家裡頭那個叛逆、難搞的青少年有理說不通？其實，坊間有很多很棒的書籍和課程，可以幫助你學習如何應付這個時期。

　　你人生中的作為、不作為，以及你對自身遭遇所做出的回應，全都由你負責——這個自主心態徹底改變了我的人生。運氣、環境或是各項條件水到渠成，這些都不再是關鍵，一切取決於我，我可以自由選擇。不論誰當總統，不論經濟有多糟，不論任何人說了什麼、做了什麼，或是不做什麼，我仍

然 100％掌控自己。選擇將自己從過去、現在及未來的受害者心態解放出來，我彷彿學到人生最寶貴的一課，擁有掌控自身命運的無限力量。

如何變得幸運？

你可能認為你純粹運氣差，但這只是另一個藉口。變得非常富有、快樂、健康，或是變得貧窮、鬱鬱寡歡、不健康，兩者的差別只在於你在整個人生中所做出的選擇，其他的都無足輕重。

你覺得某些人好像就是特別幸運？關於幸運這回事，其實是這樣的：我們全都是幸運的；若你還活著、還健康，櫥櫃裡有些食物，你就算是很幸運的了。每個人都有「變幸運」的機會，因為除了擁有健康和食物等基本必需，運氣取決於許許多多的選擇。

你人生中的作為、不作為，
以及你對自身遭遇所做出的回應，
全都由你負責。

　　我曾經問過維珍集團創辦人理查‧布蘭森（Richard Branson），是否覺得他的成功部分歸因於幸運？他回答：「是的，當然，我們全都很幸運。如果你生活在一個自由社會，你就是個幸運的人。幸運每天發生在我們身旁，我們常有幸運的事降臨身上，只是有沒有察覺到罷了。老實說，我並沒有比任何人更幸運或更不幸；差別在於，當運氣找上門時，我會好好把握。」

　　啊，多麼有智慧的一番話。關於運氣，我們也常聽到一句古諺：「幸運就是當準備遇上機會。」我認為，這還不夠，還有其他兩項重要成分。

變幸運的（完整）公式：

　準備（個人成長）＋
　態度（信念／心態）＋
　機會（好事發生）＋
　行動（採取行動，把握機會）＝
　―――――――――――――――――――――――
　幸運

準備： 無論是你的技能、知識、專業、關係或資源，都要持續精進，讓自己做好準備，這樣當大好機會來臨時（當「幸運」降臨時），你就能夠好好把握。你將能夠像著名的職業高球手阿諾・帕爾默（Arnold Palmer）那樣，他在 2009 年 2 月接受《成功》雜誌採訪時說：「挺有趣的，我練習得愈多，就變得愈幸運。」

態度： 這是絕大多數人錯失幸運的一環。布蘭森說的完全正確，幸運就在我們的身旁，問題在於你是否把情勢、談話與環境視為幸運。你無法看見自己不會去尋求的東西，你不會去尋求自己不相信的東西。

機會： 幫自己製造幸運是有可能的，但這裡所謂的「幸運」，並不是規劃得來的，或是來得比預期還快或不一樣。在公式的這一步中，幸運不是製造出來的，是自然發生的，通常似乎是自動出現。

行動： 這是你得好好把握的部分，不論幸運如何降臨到你身上——來自宇宙、上帝、魔法妖精，

不論你把好運跟誰或什麼聯想在一起，你現在該做的，就是好好把握，採取行動。布蘭森之所以有別於華靈頓，就差在這一環。誰是華靈頓？問得真好！你沒聽過，是因為當種種幸運降臨到他身上，他沒能好好把握，採取行動。

　　所以，別再抱怨自己拿到一手爛牌，動不動就提起自己以前的重大挫敗，或是其他任何類似的情境。不知道有多少人的劣勢比你還多、遭遇到的阻難比你還大，但他們最終比你更富有、更有成就。運氣的機率是公平的，幸運女神眷顧所有人，但你不能撐起傘來遮蔽，必須面向天空。當幸運的光芒照向你時，一切全看你怎麼做了，就是這麼簡單。

社會大學的高昂學費

　　大約十年前，有人邀請我成為一家新創事業的合夥人。我投資了不少錢，辛苦奮鬥了將近兩年，最後發現，我的合夥人財務管理不當，把所有錢都揮霍光了。我損失超過 33 萬美元，但我沒有告他；事實上，我後來還出於個人因素，借他更多錢。

　　嚴格來說，那次的投資失利是我的錯，我沒有事先對他的背景和性格做足夠的調查，就同意成為他的合夥人。在共同經營事業的那段期間，我也沒有確實查核我的預期。當然，我大可以說是因為我相信他；但事實是，我自己懶惰，未能更勤於查看財務。

　　而且，我不只選擇展開這段關係和事業，我做了很多選擇，忽視明顯的警訊。由於我選擇不完全對這椿事業負責，最後當然就得對結果負責。當我發現自己做錯了時，我選擇不再浪費更多時間糾結，而是舔舔傷口、學習教訓，往前看。現在回顧起來，我依舊會做出相同選擇——學習並記取教訓，往前看。

　　我邀請你也這麼做。不論什麼事情發生在你身上，好的壞的、勝利失敗，擔負起 100％完全的責任，保有100％所有權感。我的導師隆恩曾說：「從你脫離童稚、踏入成年的第一天，你就為自己的人生肩負起全部的責任。」

　　恭喜你，今天就是畢業日！從今天起，選擇為

你的人生負起 100％的責任。揚棄所有藉口，擁抱
這項事實：你可以自由選擇，只要你為自己的選擇
負起責任就行了。是時候選擇拿下主導權了！

你的祕密武器──記分板

　　接下來，我要分享我在個人發展中用過的最佳
策略之一。這項策略幫助我掌控一天所做的選擇，
促使一切「從容就緒」，產生種種的行為與行動，
就像盡忠職守的僕從般，看管我的習慣。

　　現在，請挑選你在生活中最想成功的一個領
域。你希望銀行戶頭裡有更多錢？腰身更明顯、變
得更苗條？體力好到可以完成鐵人賽事？改善和另
一半或孩子的關係？無論哪個領域，請先描繪你在
這個領域目前的境況，然後想像你希望達到的境
況──更有錢、更苗條或更快樂……。

　　邁向改變的第一步，就是留意。如果你想從目
前的境況達到你希望的境況，就必須先留意會導致
你偏離目的地的選擇。從現在起，請用心留意你所
做的每一個選擇，你才能開始做出更明智的選擇。

　　為了幫助你更加留意自己的選擇，我需要請你記錄每一個與你想改善的生活領域有關的行動。如果你下定決心擺脫負債，就必須記錄你所花出去的每一塊錢。如果你下定決心減重，就必須記錄自己吃進去的所有東西。如果你下定決心受訓參加運動賽事，就必須記錄每一次的鍛鍊和運動表現。

　　你可以隨身攜帶一本小筆記，或是使用電子工具，把相關事項記錄下來。每一天都要寫，絕不中斷，沒有藉口，沒有例外，就好像老大哥在看著你，就好像每次你忘了記錄時，我爸和我就會出現來懲罰你做一百次伏地挺身一樣。

　　做紀錄這件事聽起來沒什麼了不起，我當然知道。不過就是用空白頁面寫寫東西嘛！但是，我藉由這個方法，記錄我的進展與失誤，這是我得以累積到目前成就的原因之一。這個方法的重點是，它迫使你留意自己的選擇。不過，誠如隆恩所言：「做起來簡單的事，也是簡單到不會去做的事。」這個方法的神奇之處，並不在它的複雜程度，而是重複不斷地做這件簡單的事，只要做得夠久，就能

夠啟動複利效應的神奇威力。

　　所以，不要輕忽簡單小事，因為這些小事可能會對你的人生造成重大影響。成功者與不成功者最大的差別在於，成功者願意做那些不成功者不願意做的事。記住這句話，你在人生中會面臨到許許多多困難、甚至乏味的平淡小選擇，它都能夠派上用場。

金錢陷阱

　　我自己也是經過慘痛的教訓，像個白痴般處理我的財務，才體悟到追蹤記錄的效用。我二十幾歲時，靠著銷售房地產，賺了很多錢。某一天，我和我的會計師碰面。

　　「你還有超過 10 萬美元的稅要補，」他說。

　　「什麼？」我說：「我沒有那麼多閒錢啊！」

　　「怎麼沒有？」他說：「你有好幾筆收入，一定

成功者與不成功者最大的差別在於，
成功者願意做那些不成功者不願意做的事。

有先把稅款預扣起來吧？」

「顯然沒有，」我回答。

「錢都到哪裡去了？」他問。

「我不知道。」這麼說的同時，我心裡當然滿是凝重懺悔，錢如流水般滑過我手，我甚至沒有注意！

然後，會計師幫了我一個大忙。

他嚴肅看著我說：「孩子，你得要學會掌控。我看過這種情形不知道有幾百次了。你花錢就像喝醉酒的笨蛋一樣，甚至說不清花到哪裡去了，這很蠢，趕快停止。你現在陷入嚴重的麻煩了，你必須賺更多錢來補之前該繳的稅，而你新賺到的錢也要繳稅。繼續這樣下去，你是在用荷包來自掘財務墳墓。」我立刻明白他這番道理。

我的會計師教我這麼做：在包裡隨身攜帶一本小筆記，連續三十天，把我花的每一分錢都記錄下來，不管是價值 1,000 美元的西裝，還是 50 美分幫車胎充氣，都必須記在這本小筆記上。哇！這馬上讓我察覺到自己做了很多不經意的選擇，讓錢一

直從荷包不停地流出去。開始記錄每一筆花費之後，我會忍住，刻意不買一些東西，這樣也不必把小筆記拿出來，寫那見鬼的紀錄了！

就這樣連續做了三十天的支出紀錄，讓我培養出一種新的意識，讓我在支出上形成全新的選擇和紀律。由於意識和正面行為互相強化，我發現自己在用錢上整體而言變得更具前瞻性，把更多錢提撥出來當退休金，主動尋找明顯浪費的領域，把錢省下來。我變得很有財商（money quotient），很懂得「操控金錢」。當我想要花大錢娛樂一下自己時，這種事久久才會出現一次。

這個記錄支出的小方法，改變了我對於用錢的態度，變得更有金錢意識。這個方法太有效了，所以我應用來改變其他行為。所有苦惱我的事情，我都用追蹤記錄這個方法，讓自己做出轉變。多年來，我記錄過我的飲食、做了多少運動、花了多少時間改善某項技能、打了多少通銷售電話，我甚至用這個方法來改善我和家人、朋友與我太太之間的關係，而且在這些領域獲得的成效，並不亞於我在

金錢方面的改善效果。

你買這本書，基本上就是花錢買我的見解和指導，因此我堅持你追蹤記錄你的行為至少一整週。這本書的目的不是要娛樂你的，是要幫助你獲得成果；為了獲得成果，你必須採取一些行動。

你以前大概也聽過「追蹤記錄」的方法，說不定現在就在做了，但我也打賭你沒有這麼做，對吧？我怎麼知道？因為你的生活不如你希望的那麼成功。你偏離軌道了，追蹤記錄是把你拉回軌道的好方法。

你知道拉斯維加斯的賭場如何賺到那麼多的錢嗎？因為俱樂部時時刻刻追蹤記錄每張賭檯、每位贏家。為什麼奧運教練的薪資那麼高？因為他們為培訓的運動員追蹤記錄每一次的訓練表現、每一大卡及每一分微量營養素。所有的贏家都會追蹤記錄，現在我請你也用相同的意圖，追蹤記錄你的生活：讓目標出現在視線裡。

追蹤記錄是一種簡單的小方法，這個方法之所以有效，是因為它讓你時時刻刻留意你在想要改善

的生活領域的行動。你會因為觀察到自己的行為而大吃一驚；先衡量，才能管理或改善，所以你也必須先留意自己的行動，為自身行動負責，才可能充分發揮你的才能、資源和潛能。

　　每位專業運動員和教練，都會鉅細靡遺地追蹤記錄運動員的表現。投手知道他們投出的每一球的統計數據，高球手的揮桿表現數據更多。專業運動員知道如何根據他們追蹤記錄的數據來調整表現，他們注意記錄下來的細節，據以做出改變。他們知道，當統計數字進步時，他們將會獲勝更多，也能贏得更多代言合約。

　　我希望你在任何時刻，都能確實知道自己表現得好不好。請把自己當成一個貴重商品般，追蹤記錄你自己，因為你確實是貴重商品。還記得我在前文提過，我使用一些防呆策略嗎？就是這個方法。不論你是否留意到自己的習慣（相信我，你沒有），

先衡量，才能管理或改善。

請開始做追蹤記錄，這麼做將徹底改變你的生活，最終改變你的生活型態。

很簡單，慢慢來

別擔心，我們用最從容、簡單的方式開始。只要追蹤記錄一種習慣一週就好，挑那個影響你最大的習慣開始。一旦你開始體驗到複利效應帶來的回報，自然就會想應用到其他的生活領域，你會主動選擇做更多的追蹤記錄。

假設你選擇的是控制飲食，因為你想要減重，那麼你的工作就是記錄自己吃進去的所有東西，從晚餐吃的牛排、馬鈴薯和沙拉，到你一整天選擇吃下肚的所有食物，例如：在公司茶水間吃的小餅乾、三明治多加的那片起司、那一小條巧克力、好市多的試吃產品，以及宴會主人在敬酒時，你多喝的那幾口。

當你記錄的時候，千萬別忘了記錄飲料，它們也會影響你的體重。如果不記錄的話，這些食物因為都太瑣碎了，很容易忽略、忘記，畢竟喝下去或

吃個幾口就沒了。把這些東西寫下來，聽起來很簡單，確實也很簡單，但前提是你必須真的這麼做。所以，我才會要求你現在，就是現在，在你翻到下一頁之前，現在就選擇一個類別或領域，以及一個開始的日期，開始追蹤記錄。

我會在 ＿＿ 年 ＿＿ 月 ＿＿ 日開始記錄 ＿＿＿＿ 。

那麼，正確的追蹤記錄方法，是什麼樣子呢？詳細、如實，有條不紊，持續不斷，每天都在新的頁面上寫下日期，然後開始記錄。

記錄了頭一週之後，會發生什麼事？你可能會訝異，你過去居然沒有注意到自己攝取了多少卡路里，或是花掉了哪些錢、浪費了多少時間。你沒有發現它們曾經存在，遑論注意到它們消失了。

然後，請保持下去，你要追蹤記錄你選定的領域三週。當然，可能過沒幾天，你就已經開始受不了了，覺得很煩，不想做了。請相信我，我保證，一週後的結果，將令你吃驚到你會想要繼續再

做兩週。

　　為什麼要連續三週？心理學家說，一件事情得實行三週之後，才會變成一種習慣。這當然不是精確科學，卻是一項很好的評量基準，對我有效，所以我請你堅持下去，追蹤記錄你的行為 21 天。要是你拒絕，我當然不會有什麼損失——拜託！你搞砸的又不是我的腰圍、心肺健康、存款餘額或人際關係！但是，說真的，你看這本書，是因為你想要改變你的人生，對吧？追蹤記錄這項行為，其實不像表面上看起來的那麼容易，但是真的很簡單、可執行，所以就做吧！

　　承諾自己，今天就開始。接下來三週，選擇隨身攜帶小筆記或任何更方便的電子工具，把你選擇的這個生活領域的每一項相關細節記錄下來。三週後，會發生什麼事？你會從第一週結束時的吃驚變成驚喜，發現光是留意自己的行動，就足以促使你

現在就選擇一個類別或領域，
以及一個開始的日期，開始追蹤記錄。

開始改變。你會開始自問：「我真的要吃那條巧克力嗎？吃下去，我就得拿筆記出來寫，還會感到有點不安。」

快速計算一下，不吃那條巧克力，就減少攝取兩百大卡。只要每天打消吃一條巧克力的念頭，差不多兩、三週的時間，你就可以減掉約莫 0.5 公斤的體重！或者，你開始累計每天早上在上班途中買的那杯 4 美元咖啡，然後發現：天呀！我三週就花掉了 60 美元買咖啡！嘿，再精算一下，一年就是 1,000 美元呢。用複利計算，二十年就是 51,833.79 美元！所以，你真的非常需要停下來買咖啡嗎？請看下頁圖表 2.1。

又來了？我的意思是，每天花 4 美元買一杯咖啡，這項習慣持續二十年，將會花掉你 51,833.79 美元？沒錯。你可知道，你今天花的每一塊錢，不論花在哪裡，經過二十年的時間，就等於花了將近五塊錢；經過三十年的話，就等於花了十塊錢？如果你投資 1 美元，報酬率 8％的話，二十年後，這 1 美元就變成近 5 美元。你現在所花掉的每一塊

圖表 2.1

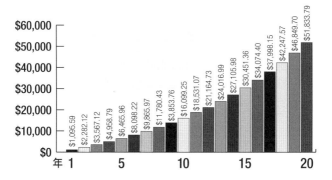

每天一杯 4 美元咖啡，這項習慣持續二十年，實際成本是 51,833.79 美元，這就是複利效應的威力。

錢，就如同從你未來的荷包花掉五塊錢。

我以前常犯的一項錯誤就是，看到商品標價 50 美元，就認為這東西花我 50 美元。說是這樣的話，其實也沒錯，但這是「今天」的成本，如果你考慮把這 50 美元拿來投資二十年的潛在價值，那麼選擇把它花掉、不拿來投資，你的損失將是四、五倍！

所以，你每次看到售價 50 美元的東西時，必須思考這一點：「這東西價值 250 美元嗎？」如果

它現在的價值對你來說有 250 美元，那就值得去買。把這件事記住，下次去好市多之類的大型賣場時，當你看到琳瑯滿目的好東西，不知道自己是否需要，就可以拿來問自己。

很常見的情況是，你進去要買 25 美元的必需品；出來時，卻買了 400 美元的東西——老實說，我的車庫看起來就像好市多的墳場一樣。下次，你走進那些位於地下室的特惠商店時，請從未來價值的角度來估量每樣東西，這樣你大概就會放下那台要賣 50 美元的可麗餅機，使未來的你銀行存款多了 250 美元。只要每天、每週做出正確選擇，持續多年，很快你就能夠看出自己如何變成有錢人。

當你有意識地追蹤記錄，你會發現自己面對生活的態度變得大不相同。你會開始問自己：「每天上班買咖啡，最後花掉了一台賓士的價格，值得嗎？」用複利計算，就是這麼多。此外，你再也不會如夢遊般做出選擇了，你會有意識地做出更好的選擇。這全拜一本小筆記或電子工具所賜，真是太神奇了，不是嗎？

看不見的無名英雄

一旦你開始追蹤記錄自己的生活之後，你的注意力就會聚焦在你做對和做錯的最微小事情上。當你選擇持續做出最微小的修正，歷經時日，你就會開始看到驚人的成果。千萬要注意一點，那就是別期望馬上就會看到重大成果，我說的「微小」修正，真的是小到看不見的那種。大概沒人會馬上注意到，也不會有人稱讚你，更不會有人因為你這些有紀律的修練，送你一張賀卡或獎品，但它們的複利效應將會產生很大的回報。

只要經過足夠時間，這些最微小的紀律修練，將會為你帶來真正的收穫。當沒有人看到的時候，這些平日的努力與準備，將會為你帶來重大勝利，成果豐碩。一匹馬以鼻頭的些微差距險勝，獎金是十倍，但這匹馬的速度比其他馬快十倍嗎？不，只是稍快一點點而已。牠比其他馬兒練跑更多，營養攝取比其他馬兒更有紀律，牠的騎師可能做出更多努力，所以產生了比其他馬兒稍微優秀一點點的表現，贏得高倍報酬。

　　經過數百場巡迴賽和數千次揮桿，排名第一的高球手和排名第十的高球手，平均只差了 1.9 桿，但兩人贏得的獎金是五倍之差（上千萬美元 vs. 兩百萬美元！）排名第一的高球手，其實並沒有比排名第十的高球手優秀五倍，可能甚至連優秀 50％或 10％都沒有；事實上，他的平均分數只是更優秀了 2.7％而已，但是回報卻是五倍之大！參見下頁圖表 2.2。

　　這就是小事累計起來的力量。不是大事累計起來發揮最大功效，而是成百上千、成千上萬，甚至數百萬件小事累計起來，區分出平凡與卓越。想要贏別人一桿，是無數的小細節累計出來的結果。但是，當你穿上象徵最高榮譽的綠夾克時，這些小細節不會有人提起，它們是無名英雄。接下來，我要再帶你看過幾個例子，小改變帶來大回報。

不是大事累計起來發揮最大功效，
而是成百上千、成千上萬，
甚至數百萬件小事累計起來，區分出平凡與卓越。

圖表 2.2

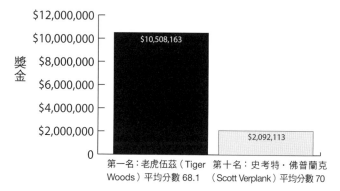

資料來源：2009 年 12 月中旬的聯邦快遞杯（FedEx Cup）排名

排名第一的高球手和排名第十的高球手，平均只差了 1.9 桿，但兩人贏得的獎金是五倍之差，這就是複利效應的威力。

執行長的小改變：淨獲利成長超過 30%

我曾經為一家年營收上億美元的公司的執行長提供指導，菲爾是個創業家，是該公司的創辦人。那間公司經營得不錯，但我發現，組織文化欠缺員工投入、信任與熱情，我對此並不大感到驚訝。結果，菲爾已經超過整整五年的時間，沒有在公司到處走動了。超過 80% 的員工，從未和菲爾交談

過，他和管理團隊形同活在泡泡裡。

　　我請菲爾只追蹤記錄一項改變：每週三次，走出他的辦公室，在公司四處走動。他的目標是去找至少三位同仁，他看到正在做正確事情的同仁，或是曾經聽其他同仁讚賞過的對象，親自過去對他們表揚一下。

　　菲爾這項小小的行為改變，每週花不到一個小時的時間，但是歷經時日，產生了巨大成效。那些獲得菲爾親自讚賞的員工，開始做更多事、更努力，以便贏得他更大讚賞。其他員工看到好表現獲得肯定與讚賞，也開始表現得更好。員工的新態度產生了漣漪效應，推及他們與顧客之間的互動，改善了顧客體驗，提高顧客的回頭率和口碑，他們會主動推薦生意，而這又進一步增加所有員工的榮譽感。

　　這項簡單的小改變持續了十八個月，使得該公司文化產生了 180 度的大轉變。在那段期間，公司的員工人數不變，行銷投資未增，但公司的淨獲利成長超過 30％。這一切，全都是因為菲爾做了一個看似無足輕重的小改變，而且持續這麼做。

從月光族到百萬富豪

十二年前，我有位很棒的助理凱薩琳，當時她的年收入是 4 萬美元。她的工作是當我在講授創業精神和財富創造課程時，她在講堂後方擺放的桌子旁，處理報到收費事務。隔週，她來我的辦公室說：「我聽到你在課堂上說，把賺到的每一塊錢的 10％存起來，這聽起來很不錯，但我不可能做得到，這很不切實際！」接著，她述說她的各種帳單和財務負擔，把這些項目全部列出來之後，顯然她每個月沒有任何多餘的錢了。「我需要加薪，」她說。

我告訴她：「我可以給妳比加薪更好的事。我教妳如何變得富有。」雖然這不是她想要聽到的答覆，但是她同意了。

我教凱薩琳如何追蹤記錄支出，她開始隨身攜帶筆記本。我叫她另外去開一個存款帳戶，只要存入 33 美元就好，那是她當時每個月所得的 1％。然後，我教她下個月如何過少了 33 美元的生

活──每週挑一天從家裡帶午餐來上班，不到樓下的熟食店買三明治、洋芋片和飲料。

　　第二個月，我讓她只存月薪的 2％，也就是 67 美元。為了多存這 33 美元，她把有線電視的訂閱模式給改了。第三個月，我們把存款提高為月薪的 3％，她為此取消訂閱《時人》（People）雜誌（也該是她研究自己的生活，而非研究他人生活的時候了！）此外，我要她不要再每週買兩次星巴克咖啡了，改買星巴克的咖啡豆和其他設備，在辦公室自己煮咖啡來喝（她漸漸變得更喜歡自己煮的咖啡，我也是！）

　　到了那年年底，凱薩琳已經把她賺的每一塊錢的 10％存起來，而且並沒有明顯影響到她的生活型態。她覺得很神奇！這個存錢紀律，也開始對她生活中的許多其他紀律產生漣漪效應。比方說，她計算自己花了多少錢在極端乏味的娛樂上，開始把這筆錢投資在個人成長。在吸收了幾百個小時的勵志和教育內容之後，她的創意明顯提升。她向我提了幾個點子，有關如何讓我們公司賺更多錢、省更

多錢。她還提了一項計畫，如果我承諾把省錢策略節省下來的錢的 10％，以及開源策略賺到的新收入的 15％，發給她當獎金，她就利用空閒時間來執行這項計畫。

到了第二年年底，她的年收入已經超過 10 萬美元，基本年薪仍是 4 萬美元。後來，凱薩琳自己創辦了一個獨立承包服務事業，做得有聲有色。兩年前，我在機場偶遇她，她現在一年賺超過 25 萬美元，存下和創造的資產已經超過百萬美元，已然是個百萬富豪了！這全都始於選擇踏出那一小步：一個月存 33 美元！

如何進步 1,000％？時間是關鍵

你愈早開始做出小改變，複利效應的力量就愈能夠幫助你。假設你朋友聽了戴夫・萊姆西（Dave Ramsey）的忠告，從 23 歲大學畢業後的第一份工作起，每個月就提撥 250 美元到退休金帳戶裡，你到了 40 歲後才開始這麼做——或者，你更年輕一點就這麼做了，但因為沒有看到多大效益，就把退

休金帳戶裡的錢全都提出來用了。

你這個朋友到了 40 歲的時候,不再需要投資半毛錢,若以 8％利率每個月複利滾動,等她到了 67 歲時,就已經擁有超過 100 萬美元了。假設你從 41 歲起,每個月投資 250 美元,持續投資到 67 歲,這是 1960 年後出生的美國人在社會安全制度下的正常退休年齡,這代表你存錢存了 27 年,她只存了 17 年。

當你準備退休時,你的存款總額將不到 30 萬美元,但你的投資總額比她多了 27,000 美元。儘管你存錢存了更多年、投資了更多錢,但因為你更晚才開始存錢,結果在退休時,你的存款總額將遠不及她的三分之一。當我們拖延,忽視必要行為、習慣與紀律時,就會發生這種情形。所以,別再拖過另一天才開始執行這些小紀律,它們將帶領你抵達目標!參見下頁圖表 2.3。

你現在是否心想:好像開始得太晚了,你已經落後了八球,永遠追趕不上了?這只是你腦中另一個陳腔濫調,該把它關掉了!想要善用複利效應的

圖表 2.3

複利效應的力量					
朋友			你		
年齡	年	年底存款餘額	年齡	年	年底存款餘額
23	1	$3,112.48	23	1	0
24	2	$6,483.30	24	2	0
25	3	$10,133.89	25	3	0
26	4	$14,087.48	26	4	0
27	5	$18,369.21	27	5	0
28	6	$23,006.33	28	6	0
29	7	$28,028.33	29	7	0
30	8	$33,467.15	30	8	0
31	9	$39,357.38	31	9	0
32	10	$45,736.51	32	10	0
33	11	$52,645.10	33	11	0
34	12	$60,127.10	34	12	0
35	13	$68,230.10	35	13	0
36	14	$77,005.64	36	14	0
37	15	$86,509.56	37	15	0
38	16	$96,802.29	38	16	0
39	17	$107,949.31	39	17	0
40	18	$120,021.53	40	18	0
41	19	$129,983.26	41	19	$3,112.48
42	20	$140,771.81	42	20	$6,483.30
43	21	$152,455.80	43	21	$10,133.89
44	22	$165,109.55	44	22	$14,087.48
45	23	$178,813.56	45	23	$18,369.21
46	24	$193,655.00	46	24	$23,006.33
47	25	$209,728.27	47	25	$28,028.33
48	26	$227,135.61	48	26	$33,467.15
49	27	$245,987.76	49	27	$39,357.38
50	28	$266,404.62	50	28	$45,736.51
51	29	$288,516.07	51	29	$52,645.10
52	30	$312,462.77	52	30	$60,127.10
53	31	$338,397.02	53	31	$68,230.10
54	32	$366,483.81	54	32	$77,005.64
55	33	$396,901.78	55	33	$86,509.56
56	34	$429,844.43	56	34	$96,802.29
57	35	$465,521.31	57	35	$107,949.31
58	36	$504,159.35	58	36	$120,021.53
59	37	$546,004.33	59	37	$133,095.74
60	38	$591,322.42	60	38	$147,255.10
61	39	$640,401.89	61	39	$162,589.69
62	40	$693,554.93	62	40	$179,197.03
63	41	$751,119.64	63	41	$197,182.78
64	42	$813,462.20	64	42	$216,661.33
65	43	$880,979.16	65	43	$237,756.60
66	44	$954,100.00	66	44	$260,602.76
67	45	$1,033,289.83	67	45	$285,345.14

累計總額＝ $1,033,289.83 | $285,345.14

總投資金額＝ $54,000.00 | $81,000.00

朋友

你

好處，永遠都不嫌遲。如果你一直都想學鋼琴，但是總覺得太遲了，因為你都要 40 歲了，請換個方式想：如果你現在就開始學，到了你快退休時，可能已經是個鋼琴高手了，畢竟你也學了 25 年！關鍵在於「現在」就開始。每一個偉大的行動、每一項傑出的探險，都是始於一小步，而第一步看起來總是比實際上困難。

但是，如果 25 年太長呢？如果你只有 10 年的時間或耐心呢？布萊恩‧崔西（Brian Tracy）在《焦點法則》（*Focal Point*）一書中，示範如何使生活任何領域改進 1,000％的方法。注意了，不是 10％，也不是 100％，是改進 1,000％！接下來，我來簡單描述一下這個方法。

你只需要在每個工作天（週末甚至還可以放鬆一下），讓你自己、你的績效表現、你的產出和收入，改善 1％的十分之一，那就是改進 1/1,000。你認為，你能不能做到？當然，任何人都能做到，因為很簡單。好，每個工作天都這麼做，你每週就能進步 1/2％（不多），每個月就能進步 2％；複利滾

動，一年就是進步 26%。你的所得現在每 2.9 年增加一倍，到了第十年，你的表現和所得是你現在水準的 1000%。神奇吧？你不需要多努力 1000%，或是多工作 1000% 個小時，只需要讓自己每天（而且只是每個工作天）進步 1% 的十分之一，就這麼簡單。

成功是一場（半程）馬拉松

我曾為一家教育軟體公司提供績效扭轉諮詢服務，貝芙莉是該公司的銷售人員。有一天，她告訴我，她有個朋友將在週末參加一場半程馬拉松。體重明顯過重的貝芙莉說：「這種事，我永遠都做不來的。光是爬幾階樓梯，我就喘了！」

我告訴她：「如果妳想的話，妳也可以選擇做妳朋友正在做的事。」她卻步說：「絕對不可能。」

我的第一步，就是幫助貝芙莉找到動機。我問她：「貝芙莉，妳為何會想要跑半程馬拉松？」「喔，明年夏天我們會開二十週年的高中同學會。我想讓自己的樣子好看一點，但我五年前生完第二

胎之後，體重增加太多，我不知道該怎麼辦才好。」

　　賓果！我們現在有了一個激勵的目標，但我必須謹慎進行。如果你曾經試過減重，大概就會知道可能的過程：購買健身房會員資格；花大錢請個人教練，添購新器材、好看的新運動服飾、功能很棒的運動鞋；然後，你興致高昂地練個一週左右，家裡的滑步機就開始變成晾衣架，你也會因為各種理由不再上健身房，讓運動鞋擺在角落發霉。我想對貝芙莉嘗試一種更好的方法，我知道，如果我能夠促使她選擇一種新習慣，只要一種就好，她就會入迷，然後所有其他行為就會自動水到渠成。

　　我請貝芙莉開車在她家附近轉一轉，規劃好從她家出發的一個一英里迴圈。然後，我請她在兩週內走這迴圈三次。請注意，我不是一開始就叫她跑這一英里的迴圈，我用比較簡單、不吃力的運動當作起步。接下來，我請她一週走這一英里迴圈三次，持續兩週。每一天，她都做出選擇，持續下去。

　　然後，我請她開始慢跑，能夠自在跑多久就跑

多久，一旦覺得喘不過氣來就停止，改為步行。我請她持續這樣做，直到能夠跑完這一英里路的四分之一、然後二分之一，然後四分之三。短短三週後——才不過九趟，她就能夠慢跑完這一英里路了。也就是說，扣掉前面單純走路完成的兩週，總共才七週時間，她就能夠慢跑完整個迴圈了。

對於這麼小的勝利來說，似乎花了「滿長」的一段時間，對吧？畢竟，我們要考量到，半程馬拉松是 13.1 英里，1 英里根本算不上什麼。但重點是，貝芙莉已經開始看出，她的選擇能夠使她擁有好身材，如願參加來年夏天的高中同學會。她的動機激發了新的健康習慣，啟動了複利效應，展開它的神奇過程。

接下來，我請貝芙莉每一趟跑步都增加 1/8 英里，這樣的長度幾乎沒什麼感覺，差不多只多跑了 300 步左右。六個月後，她就可以一次跑完 9 英里，完全沒有不適。九個月後，她已經固定跑 13.5 英里，比半程馬拉松的距離還要長。但更令她振奮的是，她在其他生活領域的變化。她不再對巧克力

（她自小迷戀的東西）和油膩、難消化的食物感興趣，都戒掉了。心肺運動讓她活力倍增，飲食習慣變好，讓她對工作的熱情增加，在那段期間，她的銷售業績增加一倍（對我而言，這是件好事！）

甚至更棒的是，所有這些能量的漣漪效應，提高了貝芙莉的自尊，使她對先生更加溫柔關愛，他們的關係比大學時代以來更加熱情。因為她的活力變好了，她和孩子的互動，也變得更加活潑、歡快。她發現，她不再有時間和那些經常潑人冷水、說掃興話的朋友出去聚會。那些人現在下班後還是經常聚在一起閒磕牙，喝酒搭配油膩的開胃小吃。她在新加入的跑步俱樂部裡，結交了一些也注重健康的新朋友，這引領她做出其他許多有益的選擇、行為與習慣。

從在我辦公室和我首次交談，決定找出她的動機，進而展開一連串的小行動之後，貝芙莉減重了18公斤，變成一個身材健美、有自信的女人，簡直就像健康代言人一樣。現在，貝芙莉跑的是全程馬拉松！

　　本章即將結束，請各位務必記得一件事，那就是：你的人生，是你時時刻刻選擇的產物。在 2010 年 5 月發行的《成功》CD 中，美國真人秀電視節目《減肥達人》（*The Biggest Loser*）的健美教練吉莉安‧麥可斯（Jillian Michaels），和我分享了一個生動的童年故事。

　　「小時候，我媽總會精心安排尋找復活節彩蛋的活動，讓我滿屋子跑。當我快要發現彩蛋的藏放位置時，她就會說：『喔，妳快要發現了！很厲害哦。』意思是，我很接近彩蛋了。如果我從她藏彩蛋的位置跑開，她就會說：『喔，妳離目標遠囉！』所以，我都會告訴參賽者，時時刻刻都要想著他們愈來愈靠近幸福和終極目標了！他們當下所做的每一個選擇和每一項決定，都將使他們更接近終極目標。」

　　你的成就是你每時每刻選擇的結果，因此你有極大的力量，可以藉由改變這些選擇來改變自己的人生。一步接一步，一天又一天，你的選擇將引導你的行動，直到它們變成習慣，而實踐使它們變得

固定。

　　輸是一種習慣，贏也是一種習慣；接下來，我們要探討如何把贏的習慣，持久地灌輸至你的生活中。改掉有害的習慣，培養必要的好習慣，你就能夠把人生帶往你想要的方向，達到你所能想像的最高境界，我會教你如何做⋯⋯。

你的成就是你每時每刻選擇的結果，
你有極大的力量可以藉由改變這些選擇，
來改變自己的人生。

你可以這樣運用複利效應

> ↗ 在你的生活中，什麼領域、人或境況，最令你感到苦惱無力？請開始把這些境況中所有令你感激的面向記錄下來，把能夠增加你的感恩之心的每一件事情給寫下來。
>
> ↗ 想一下，你在目前生活中的哪個領域，並未對自身成敗負起 100％的個人責任？寫出你過去曾經把事情搞砸的三項作為；列出三件你該做而未做的事；還有三件曾經發生，但你做出糟糕反應的事。然後，寫出你現在就可以開始做的三件事，以便取回人生結果的掌控權。
>
> ↗ 針對你想要改變的生活領域，例如金錢、營養、身材、肯定他人、育兒等，開始追蹤記錄至少一種行為。

第3章

習慣

　　一位很有智慧的老師和一位年輕弟子在森林裡漫步，他們在一棵小樹前面停下腳步。

　　老師指著剛從土裡冒出的芽，對弟子說：「把那株幼苗拔起來」，那孩子一下子就用手指拔起幼苗。老師指向另一棵已經長到男孩膝蓋高度的幼苗說：「把那株幼苗拔起來」，男孩多花點力氣，才把那株幼苗連根拔起。

　　然後，老師把頭轉向另一棵已經長得跟男孩一樣高的常青樹幼樹說：「現在，拔這棵。」男孩使

盡全力，找來粗枝條和石頭撬動牢固的樹根，終於才把這棵幼樹拔起。

「現在，」老師說：「我要你拔這棵。」男孩循著老師的目光看去，那是一棵壯碩的橡樹，高大到男孩幾乎看不到樹木頂端。方才要拔那棵遠遠小得多的常青樹幼樹，就已經很困難了，於是男孩便告訴老師說：「抱歉，我做不到。」

老師說：「孩子，你剛才已經示範了習慣對人生的影響力。習慣愈舊，就愈強大；扎根愈深，愈難拔除。有些習慣太過強大、根太深了，你可能連拔除的嘗試都會卻步。」

慣性生物

亞里斯多德寫道：「重複的行為造就了我們。」《韋氏字典》（*Merriam-Webster Dictionary*）對習慣的定義是：「一種後天養成的行為模式，已經變得幾乎或完全不由自主。」

有一個故事說，一個男人騎馬疾馳，看起來像是要去很重要的地方。路邊站了一個男人，大聲喊

道：「你要去哪裡？」騎士回答：「我不知道！問馬兒吧。」這就是絕大多數人的生活寫照，他們騎著習慣之馬，不知道要往哪兒。是時候操控韁繩了，帶領你的人生朝你想要的目的地前進。

　　如果你一直都過著自動駕駛的生活模式，讓習慣操控自己，我請你去了解為什麼，也請你擺脫這種生活模式。很多人都有這種問題，心理學研究顯示，在我們感覺、思考、做及達成的事情當中，有95％是養成的習慣使然！我們有天賦本能，卻沒有與生俱來的習慣。習慣是歷經時日養成的，從童年開始，我們學到的種種制約反應，使我們對大多數情況做出自然而然（即不假思索）的反應。

　　在日常生活中，自然而然的行為與反應恰有好處。若你做的每一件尋常之事，無論是做早餐、開車送孩子上學、去上班等，都必須有意識地思考每

如果你一直都過著自動駕駛的生活模式，
讓習慣操控自己，
我請你去了解為什麼，也請你擺脫這種生活模式。

一步，你的生活很容易陷入癱瘓。你可能以自動駕駛模式每天刷兩次牙，這不需要什麼哲學思辨的大道理，你自然就會這麼做。

當你的屁股一坐上車，你會自動繫上安全帶，並不需要思考太多。我們的習慣和慣常動作，讓我們得以消耗最少的意識精力處理日常事務，幫助我們保持清楚的神志，使我們能夠理性處理大多數的事務。由於不需要思考例行事務，我們就能把心力聚焦在更有創意、更豐富的想法上。所以，習慣對我們是有幫助的，但前提是，它們必須是好習慣。

若你吃得健康，你大概已經建立了購買食物和餐廳點餐時的有益習慣。若你身材健美，可能是因為你經常在運動。若你的銷售做得很成功，可能是因為你的心理準備和正向自我對話的習慣，使你即便遭到拒絕，還能夠保持樂觀。

我遇過、也和許多傑出的高成就人士、執行長和「超級巨星」工作過。我可以告訴你，他們全都有一項共通特質，就是都有良好的習慣。這當然不是說他們沒有壞習慣，他們也有，但是不多。最成

功者和其他人的差別是，他們的日常生活建立在良好的習慣上。這是有道理的，我們在上一章討論過，成功者未必比其他人更聰慧、更能幹，但他們的習慣讓他們消息比人家更靈通、更有見識、更能幹、技能更好，也更有準備。

小時候，我父親以「大鳥」賴瑞・柏德（Larry Bird）為榜樣，教導我關於習慣的重要性。「大鳥傳奇」是 NBA 史上最優秀的職業籃球員之一，但一般並不認為他特別具有運動天賦，沒有人會形容他在籃球場上「行雲流水」。儘管他的天賦運動能力有限，他率領波士頓塞爾提克隊（Boston Celtics）拿下三次 NBA 總冠軍，迄今仍是 NBA 史上最優秀的球員之一，他是如何做到的？

習慣。他努力不懈地練習，勤於改善自己的技巧。柏德是 NBA 史上罰球命中率最高的球員之一，從小到大，他有一個習慣：每天早上在上學之前，練習五百次罰球投籃。在這種鐵血紀律下，柏德充分利用了他一些天生才能，在球場上痛宰一些最有運動天賦的球員。

你也可以跟大鳥柏德一樣，適當調整你的自動駕駛模式和一些無意識所做的反應，訓練自己擁有出類拔萃者的反應。在這一章，我們要談的是，如何選擇用紀律、努力及良好的習慣，彌補你先天能力上的不足，成為擁有優異習慣的生物。

只要經過足夠的練習與重複，任何行為──不論好行為或壞行為──歷經時日，都能夠變得「習慣成自然」。儘管我們絕大多數的習慣，不管是經由仿效父母、對環境或文化相關的事物做出反應，或是創造應付機制，都是在不知不覺中養成的，但我們全都可以有意識地決定改變。既然你的每一個習慣都是學習而來的，你當然也能夠改掉那些對你有害的習慣。準備好了嗎？那就開始吧！

首先，思考如何擺脫即時滿足的陷阱

我們當然都知道，猛吃超濃夾心餅乾，腰圍是瘦不下來的。我們也都知道，一晚花三個小時觀看《與星共舞》（*Dancing with the Stars*）和《重返犯罪現場》（*NCIS*），就少了三個小時可以閱讀一本好

書，或是收聽很棒的音頻。我們知道，光是購買功能最新、最棒的跑鞋，並不能讓我們跑完全程馬拉松。我們是「理性」物種——至少我們是這樣告訴自己的，那我們為何會如此不理性地受制於那麼多的壞習慣呢？都是因為我們希望立刻獲得滿足的需求，這種需求能把我們變成最被動反應、不加思索的動物。

如果你咬了一口大麥克，心臟病立刻發作，掩胸倒地，當你被救回之後，你可能不敢再吃第二次了。如果你抽了第二口菸，臉龐馬上長出 85 歲老人的皺紋，你大概不敢再抽菸了。如果你今天沒打那第十通電話，結果立刻遭到公司開除，並且破產，那要你立刻拿起話筒，就絕對不是問題。如果你吃了一口蛋糕，體重馬上增加 20 公斤，那要你拒絕任何甜點，簡直就是易如反掌的事。

問題是，我們從壞習慣獲得的回報或立即滿足，往往遠勝於理性腦袋對長期後果的思考。放任自己耽溺於壞習慣，當下似乎不會立刻產生任何明顯的負面影響——那一口大麥克不會導致你心臟病

發；再抽一口菸不會讓你的臉頰立刻長滿深刻的皺紋；沒打那通電話，也不會讓你立刻失業；吃了那口蛋糕，並不會讓你的大腿馬上變粗 2 公分；但是，這並不代表你沒有啟動複利效應。

該是時候清醒了！你必須了解，放任自己耽溺於任何壞習慣，都可能透過複利效應，使你的人生陷入重複循環的不幸。只要對日常習慣做出調整，哪怕只是最輕微的調整，都可能顯著改變你的人生結果。而且，我說的並不是什麼徹頭徹尾的大改變，會完全翻轉你的個性、特質和生活；只要一些看似無足輕重的超小調整，就能夠改變很多事情。

關於超小調整的重大效果，我這裡可以提供一個很好的例子，就是從洛杉磯飛往紐約市的一架飛機，若這架飛機的機頭偏離航向 1%（當它停在洛杉磯機場跑道上時，幾乎察覺不到），這架飛機最後將偏離目的地大約 150 英里，不是飛到紐約市北方的紐約州首府奧爾巴尼（Albany），就是飛到紐約市南方的德拉瓦州首府多佛（Dover），參見圖表 3.1。習慣也是一樣，一個表面上看起來不大要緊

的壞習慣，最後可能導致你遠遠偏離目標方向和你熱切想要的生活。

　　很多人的日子都過得渾渾噩噩，隨波逐流，不去認真思考自己究竟想要什麼，必須做些什麼才能達到自己想要的生活。我想讓你知道如何激發自己的熱情，我想幫助你啟動無窮的創造力，瞄準你的夢想與渴望。想要把已經長成壯碩橡樹的壞習慣連根拔起，會是一件相當費力、艱難的事，要完成這

圖表 3.1

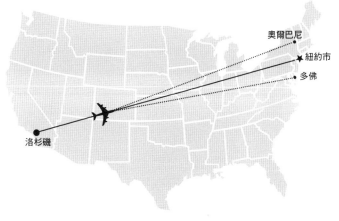

小調整的大影響：偏離航向 1%，最終將導致偏離目的地 150 英里。

件事，需要的不只是最堅定的決心，光有意志力是
不夠的。

為什麼？找到你的動機

如果你以為只要意志力，就能夠改變習慣，那
就好比以為只要用大餐巾蓋住野餐籃，大灰熊就不
會來吃了。壞習慣是頭聰明的大灰熊，你需要更厲
害的東西。

當你難以努力達成目標時，你往往會認為，那
是因為你缺乏足夠的意志力，我並不認同。光是選
擇追求成功，這還不夠。如何使你堅持你必須做的
那些有益的新選擇？如何避免你一不小心就回到壞
習慣？這次和之前失敗的那幾次，將有什麼不同？
我們必須正視一件事，那就是一旦你稍微感覺到不
適意，很可能就會回到讓你感覺自在的舊習慣。

你以前可能試過要靠意志力，但是行不通。你
不是沒有下過決心，終究半途而廢。你上次發誓要
減重時，心想一定能把多餘的體重全部減掉；你去
年也認為，一定打得完所有的銷售電話。我們停止

這些瘋狂、不切實際的假設如何？來點不同的。你可以獲得不同、更好的成效。

忘了意志力，改用動機。你的選擇必須跟你的渴望和夢想有關，這樣你的選擇才有意義。最明智、最有激勵效果的選擇，是那些切合你的目的、你的核心自我，以及你的最高價值觀的選擇。你必須知道自己想要某樣東西，也必須知道你「為什麼」想要這樣東西，否則很容易就會放棄。

所以，你的動機是什麼？如果你想要你的生活有明顯進步，總要有個理由。想要讓你做出必要的改變，你的動機必須是非常激勵你的東西，會讓你保持衝勁──衝，衝，衝！而且是持續多年都這樣。所以，你最大的驅動力是什麼？知道你的動機是什麼，這點非常重要。激勵你的這些動機，將會點燃你的熱情，它們是你熱忱的源頭，是你堅持下去的動力。這點太重要了，我甚至寫了另一本書《最棒的一年》（*Living Your Best Year Ever*）來討論；你必須知道你的動機何在。

凡事皆有可能？

　　動機能夠支撐你度過疲憊、單調、乏味和辛勞，你的「為什麼」必須夠強，否則所有的「如何」將無意義。渴望和動機如果不夠明確、強大，你將會放棄任何可能改善人生的新途徑。如果你的承諾不夠堅定，最後就會像許多人那樣，每年新年都下定決心要做某件事，但很快就放棄了，回到夢遊般做出糟糕選擇的狀態。接下來，我舉一個簡單的例子，你就會更了解。

　　我把一塊寬十英寸、長三十英尺的木板放在地上，問你：「只要走完這塊木板，我就給你 20 美元。」你會做嗎？當然。這麼輕鬆就能獲得 20 美元，誰不做？但要是我把這塊木板架在兩棟一百層樓高的大樓頂樓之間，當作懸空的木橋讓你走呢？只為了區區 20 美元，要你走這段三十英尺的高空木橋，瞎吧？你大概會瞪著我說：「怎麼可能！」

　　萬一你的小孩在對面那棟大樓，那棟大樓起火了，你願意走高空木橋去救他嗎？我敢打賭，有沒

圖表 3.2

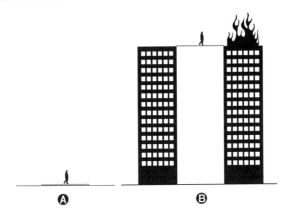

你的動機足夠強烈嗎？

有那 20 美元的獎金，你都毫不猶豫會去走。

　　為什麼我第一次請你走高空木橋時，你斷然拒絕，第二次卻毫不猶豫？兩者的風險與危險性是一樣的，是什麼改變了？你的「為什麼」——你想要去做的理由。現在，你懂了嗎？當理由足夠強烈時，你就願意去做幾乎任何的「如何」。

　　想要真正啟動你的創意潛能和內在驅動力，你必須尋找金錢和物質目標以外的動機。這不是說那

些動機不好,它們很好,凡是好的東西,我都很欣賞。但是,純粹物質的東西,並無法激發你全心全意的鬥志,那種熱情必須來自更深層的地方。況且,縱使你獲得了閃亮亮的物質,也沒能贏得真正寶貴的獎賞,那就是快樂與自我實現的滿足感。

巔峰表現專家安東尼‧羅賓斯,在接受我的訪談時說:「我看過一些商業大亨達成終極目標,但仍舊生活在沮喪、憂慮和害怕之中。什麼使得這些成功人士不快樂呢?答案是,他們只聚焦在成就上,不是自我實現的滿足感。傑出的成就未必能夠帶來非常的喜悅、快樂、愛和意義感。這兩者相互滋養、彼此增強,我認為,沒有自我實現感的成功,其實是失敗。」

說得很好。光是選擇追求成功還不夠,你必須更深入挖掘,找到你的核心動機,啟動你的超級力量——你的動機。

純粹物質的東西,並無法激發你全心全意的鬥志,
那種熱情必須來自更深層的地方。

核心動機

　　想要找到你的動機，就必須透過你的核心價值觀。核心價值觀定義了你是誰，以及你相信、支持什麼；你的核心價值觀是你的內在羅盤、你的指引燈塔、你個人的 GPS，你透過它們過濾生活中所有的需求和誘惑，確定它們帶領你走向你想要去的目的地。了解自己的核心價值觀，並且進行適當修正，是把生活重新導向你最大願景的最重要步驟之一。

　　如果你尚未清楚定義你的價值觀，可能會做出和自身期望背道而馳的選擇。舉例來說，如果你非常重視誠實，卻和慣性說謊者混在一起，這就是背道而馳。當你的行為與價值觀相背時，你會變得不快樂、沮喪、消沉；事實上，心理學家指出，當我們的行為和舉動不符合自身價值觀時，最容易導致壓力。

　　定義你的核心價值觀，將有助於使你的生活變得更簡單、更有效率。當你明確知道自己的核心價值觀時，做決策就會變得更容易。每當面臨一項抉

擇，你可以問自己：「這和我的核心價值觀相符嗎？」若相符，就去做；若不相符，就別做，也不用回頭看。假設你能夠做到，就能消除很多煩惱與猶豫。

☑ 請使用書末附錄的「核心價值觀量表」。

憤怒也能激發鬥志

　　人要不就是被自己想要的東西激勵，要不就是被自己不想要的東西激勵。愛是一股強大的原動力，恨也是。和社會一般闡揚的相反，恨其實可能也是好事。無論是痛恨疾病、痛恨不正義、痛恨無知、痛恨自滿等，有時出現了一個敵害，也能夠點燃你的熱情。

　　我有些最強烈的動機、決心和毅力，來自當我有敵害要對抗時。史上最著名的轉變故事和政治革命，經常源於要對抗敵人 —— 大衛對抗巨人歌利亞；美國對抗英國；路克對抗達斯・維達（Darth Vader）；洛基對抗阿波羅・克里德（Apollo Creed）；

二十幾歲的年輕人對抗權勢、地位較高的「那個男人」；美國保守派廣播節目評論家拉許・林柏（Rush Limbaugh）對抗左翼自由派；車神藍斯・阿姆斯壯（Lance Armstrong）對抗癌症；蘋果對抗微軟，微軟對抗蘋果等⋯⋯例子不勝枚舉，你懂就行了。

敵人給了我們一個勇敢挺胸的理由，因為必須戰鬥，你得要有技巧、有骨氣、有決心。戰鬥迫使你評估、鍛鍊自己的天賦和能力；沒有戰鬥來激勵，我們可能變得肥胖、懶散、失去力量和目的。

我有一些諮詢客戶，擔心自己的動機源於不夠高尚的目標。他們的目標有時令他們感到難為情，例如，他們想要證明反對者是錯的；或者，他們想要反擊那些說他們永遠成不了氣候的人，或是擊敗競爭對手、贏過某個向來凌駕在他們之上的手足。其實，動機是什麼，並不要緊；只要是合法、有道德的動機就行了。你的動機不必非得是偉大的人道主義目的，重點在於你必須受到充分激勵。這些動機有時能夠幫助你用強大的負面情緒或體驗，創造出更強大、更成功的目的。

美式足球史上最著名的教練之一皮特・卡羅爾（Pete Carroll），就是一個很好的例子。他在 2008 年 9 月號的《成功》雜誌報導中，這麼解釋了他的早年動機：「小時候，我有點矬，沒辦法，因為我太小了。過了好幾年，我才變得有點競爭力。在那段期間，我一直不斷地告訴自己，我其實遠遠更好，我必須奮鬥來證明這點。我感到沮喪，是因為我知道我可以成為特別的人。」

卡羅爾認為自己必須奮鬥，這項動機最終引領出他的優異表現。

2010 年 3 月號《成功》雜誌報導的訪談人物，是備受推崇的金獎演員安東尼・霍普金斯（Anthony Hopkins）。我很訝異得知，他出色的表演天賦與決心，同樣源於憤怒。霍普金斯說，他是個糟糕的學生，有讀寫障礙和注意力不足過動症。當年，並沒有這類問題的診斷，他被貼上「問題兒童」的標籤。

霍普金斯透露：「我父母很擔心我，我的前途一片渺茫，因為上學和教育很重要，但我似乎沒有能力理解學校教的東西。我的堂表手足表現都十分

出色，我中懷怨恨，感覺被社會排斥，非常消極。」

　　然後，霍普金斯轉為利用他的憤怒。起初，憤怒驅使他奮鬥達到學業或運動以外的成就，他發現自己有點表演天賦，便利用自己被貼上鄙視標籤的憤怒，點燃對演技的追求。現在，霍普金斯被視為當代最傑出的演員之一，有了名氣與財富，他得以幫助無數人努力擺脫藥物濫用，並且支持重要的環保行動。雖然他的奮鬥並非始於「高尚」的理想目標，但顯然非常值得。

　　我們都能做出有力的選擇，奪回人生的主導權，不將結果怪罪於際遇、命運或其他人。我們都有能力改變一切，別讓過去充滿傷痛的體驗削弱了你的幹勁、破壞成功，傷痛和苦難也可以用來推動有益的建設性改變。

你的目標是什麼？

　　我在第 1 章提過，複利效應一直都在作用，把你帶往某處。問題是，它會把你帶向何處？你可以好好利用這股連續不斷的力量，把自己推向新高，

但前提是:你必須知道自己想去哪裡。請問,你熱切渴望的目標、夢想與目的地是什麼?

當我參加另一位導師保羅・J・梅伊爾(Paul J. Meyer)的葬禮時,我想起他的人生是多麼豐富、多彩多姿。他的成就、體驗與貢獻,比十幾個人加起來的還多。他的訃聞讓我重新評估我對自己訂定的目標的品質與規模,若保羅還在世,他會告訴我們:「如果你的進步程度並不如你希望、而且有能力做到的,純粹是因為你沒有清楚定義你的目標。」他最令人難忘的名言之一,可以提醒我們目標的重要性:「只要是你敢生動想像、熱切渴望、由衷相信,並且熱情去做的事情,必將發生!」

我人生的富足,最受益於一項技巧,那就是學習如何有效地訂定與達成目標。當你能夠妥善安排,把創造力專注在一項定義明確的目標上,神奇的事情就會發生。我相信這件事,因為我一再見證

只要是你敢生動想像、熱切渴望、由衷相信,
並且熱情去做的事情,必將發生!

它發生：世界上成就最高者的成功，全都是因為他們清楚描繪、規劃出自己的願景。動機清楚、強烈且炙熱的人，總是贏過最善於執行，卻沒有清楚、強烈動機的人。

☑ 請使用書末附錄的「生活量表」，尋找你可能需要加強或調整目標的生活領域。

設定目標的功用 —— 揭露「祕密」的原理

你只能看見、體驗、得到你追尋的東西，如果你不知道自己在追尋什麼，當然就無法得到。本質上來說，人類是主動追尋目標的生物，大腦總是試圖把外在世界和我們內心世界想像與期望的東西連結起來，所以當你指示大腦追尋你想要的東西時，你會開始看到它們。其實，你渴望的東西，可能一直都在你的身邊，但你的心和眼睛並未張開，沒有「看見」。

這就是「吸引力法則」（Law of Attraction）的原理。它聽起來好像很神祕，甚至令人感覺有點巫毒，其實不然，這個法則遠遠更為簡單、實用。

我們每天被數十億的感官（視覺、聽覺、身體的）資訊轟炸，為了避免超載，我們會主動忽略其中的99.9％，只去看、聽、感受心智聚焦的資訊。這就是為何當你在「想」某樣東西時，好像你真的神奇地把它吸引到你的生活中了，但其實它早已存在那裡，只是你現在才看到它，把它「吸引」到你的生活中。當你的思想開始聚焦，指示你的心智去看之後，它才真正進到你的生活裡。

有道理吧？這一點也不神祕，其實它相當有邏輯。有了這項新的認識之後，不論你的心智在想什麼，那就是你的心智聚焦的東西；突然間，你在那99.9％的剩餘空間裡「看到」它了。

接下來，我要說個老掉牙的例子，因為它太真確了！你正在選購一部新車，不知怎的，你發現到處都看得到這款車。就好像突然間，大街上都是這部車，但昨天還不是這樣呢！真是這樣嗎？當然不是。那些車子一直都在，只是你沒有注意到罷了。對你而言，直到你開始「注意」，它們才真正「存在」。

　　當你清楚定義出目標之後，你就是交代大腦去尋找、聚焦新的事物，就好像賦予你的心智一雙新的眼睛，觀看你周遭的人、境況、談話、資源、思想和創意等。有了這個全新的視角（一種內化行程），你的心智就會開始尋找外在世界和你內心最想望的東西（你的目標）相符的東西。當你清楚定義你的目標之後，你對這個世界的體驗方式，以及你把思想、人和機會吸引到生活中的方式，將會變得與以往大大不同。

　　暢銷書作家布萊恩‧崔西某次在接受我訪談時，這麼說道：「一流的人都有很明確的目標，他們了解自己是誰，知道自己想要什麼。他們把目標寫下來，研擬計畫達成目標。不成功的人總是把目標擺在腦袋裡，隨身攜帶；這些目標就像在金屬罐裡一直滾動、不斷發出聲音的彈珠。目標如果不寫出來，不過就是幻想；人人都有幻想，但那些幻想就像彈匣裡沒有火藥的子彈。不明確定義你的目標，你的生活就像一直在打空靶。把目標寫下來，就是你的起點。」

　　我建議你「今天」就抽出時間，寫下你最重要的目標清單。我也建議你，在寫這份清單時，考慮你生活中所有層面的目標，不只考慮你的事業或財務。請務必當心，過度聚焦在生活任何單一層面，不顧其他層面，將會使你付出高昂代價。你應該追求生活整體的成功，在對你而言所有重要的生活層面之間求取平衡，包含你的事業、財務、健康、幸福、心靈、家庭、人際關係和生活風格。

你必須變成怎樣的人？

　　絕大多數的人在開始設法達成新目標時，總會自問：「好，我有目標了，接下來要怎麼達成目標？」這個問題還不賴，但不是你必須回答的第一個問題。我們應該自問的第一個問題是：「我需要變成怎樣的人？」

　　我想，你大概認識一些人，似乎都做了正確的

一流的人都有很明確的目標，
他們了解自己是誰，知道自己想要什麼。

事，但並未產生他們想要的結果。為什麼？我的導師隆恩教我這件事：「如果你想要擁有更多，你就必須變成更多。成功不是追求來的，過度刻意追求的東西會躲避你，就好像追蝴蝶一樣。成功是因為你成為的那個人招引來的。」

當我真正懂得這項哲理時，哇，它徹底改變了我的生活和個人成長。在我單身、準備找對象結婚時，我列了一長串我心中理想女性的特質。我在一個本子上，寫了四十多頁（正反面都寫），詳細描繪她，包含她的個性、人品、主要特質、處世態度、人生觀，甚至來自怎樣的家庭，包括文化背景出身、體型，乃至於頭髮細節。

我深入描繪我們的生活將是什麼模樣，我們會一起做什麼。如果我當時接著自問：「為了找到這樣的女孩，我必須做什麼？」可能我至今還在追趕蝴蝶吧！我當時做的是，回頭檢視那份清單，思考我自己是否具備相同特質。我希望她擁有的特質，我自己有嗎？我問自己：「這樣一位女性，她會尋找什麼樣的男人呢？我必須變成怎樣的人，才能夠

吸引到這樣一位女性？」

　　所以，我再寫了四十頁，描繪我必須變成的那種男性的所有特質、品性、行為、處世態度及特徵。然後，我努力變成那樣的人，讓自己擁有那些特質。你猜怎麼著？真的如願以償！她好像活生生從我那個本子紙頁躍然而生的人，出現在我的面前。我太太喬芝雅完全就是我描繪出來、想要的模樣，幾乎一模一樣，令人難以置信，毛骨聳然。關鍵在於，我釐清自己必須變成怎樣的人，才能夠吸引並留住她這種特質的女性，然後我努力變成那樣的人。

☑ 請使用書末附錄的「習慣量表」，辨識你有哪些壞習慣、需要培養哪些新習慣，以變成你想要成為的那種人。

了解你的行為

　　接下來，我們來規劃達成你所決定的目標的流程。這是一個「做」的流程；或者，在某些情況下，這是一個「停止做」的流程。

　　在你和你的目標之間的，是你的行為。請仔細思考一下，你是否必須停止做些什麼，以防止複利效應把你帶入沉淪漩渦？同樣地，你是否必須開始做些什麼，以改變你目前的軌跡，讓自己朝向最有益的方向？你必須在生活中，去除、增加什麼習慣與行為？

　　你的人生可以歸結為這個公式：

你 → 選擇 ＋ 行為 ＋　習慣　＋複利效應 ＝ 目標
　　（決定）（行動）（重複行動）（時間）

你必須釐清哪些行為會阻礙你邁向目標，哪些行為將幫助你達成目標。

　　你可能以為你了解自己所有的壞習慣，但我敢下大注打賭，你錯了。也因此，追蹤記錄這個小方法，才會那麼地有幫助。老實說，你知道你每天花多少時間看電視嗎？你花幾個小時的時間看新聞、體育頻道或時尚頻道，關注別人的目標和成就？你知道自己喝了多少汽水？你用電腦做了多少「不必

要的工作」，例如看臉書、閱讀線上八卦等？我在前文提過，你的首要工作就是留意你的行為。你在工作上哪些方面不專注，在不知不覺中，讓自己養成了偏離正軌的壞習慣？

幾年前，我擔任董事會成員的一個非營利組織，有位高級主管雇用我指導改善他的生產力。其實，他已經做得很好了，但是他知道，在商業教練的帶領下，他可以最佳化自己的時間利用和產出。我同樣請他追蹤記錄自己的活動一週，我注意到一個太常見的情形：他花了很多時間看新聞——早上花 45 分鐘看報紙，通勤途中花 30 分鐘聽新聞，下班回家途中再花 30 分鐘聽新聞。

不只這樣而已，在白天工作期間，他會查看雅虎新聞很多次，總計至少 20 分鐘。下班回到家，他一邊跟家人聊天，一邊看 15 分鐘的最新地方新聞。然後，他還會再看 30 分鐘的最新體育新聞，睡前再看 30 分鐘的晚間十點新聞。全部加起來，他每天要花 3.5 個小時看新聞！但是，他並不是經濟學家、也不是交易員，他的工作內容並不高度依

賴於最新消息。他花在報紙、電台、電視新聞節目上的時間，遠遠超過讓他成為一個有見識的選舉人、有貢獻的社會成員，或是增進個人興趣所需要的新聞攝取時間。事實上，他的節目選擇（或者說，他的欠缺選擇），並未讓他獲得多少有價值的資訊。那麼，他為什麼每天要花將近四個小時看新聞呢？純粹是一種習慣。

　　了解這件事之後，我建議他不要打開電視和電台，取消訂閱報紙，設定好 RSS（簡易供稿機制），挑選接收他認為對事業和個人興趣重要的新聞。結果，這麼做，立刻清除 95％擾亂思緒和浪費時間的雜音，他每天只要花不到 20 分鐘的時間，就可以看完對他而言重要的新聞。這讓他每天早上有了 45 分鐘（通勤時間），和晚上一個小時去做有益的活動，不管是運動、收看有教育性或有啟發性的內容、閱讀、規劃、做準備，和家人共度更有品質的時間等。他告訴我，他變得不那麼緊張了（經常接收負面新聞，往往使人變得焦慮），也變得更有靈感、更專注。只是簡單改變了一個習慣，就

讓他的生活平衡和生產力躍進了一大步！

聽完這個真實案例之後，現在換你了。請拿出你的工具，寫出你頭三個主要目標，然後列出可能破壞你在每個領域進步的壞習慣，逐一寫下來。

☑ 請使用書末附錄的表格設定你的三個主要目標。

你的習慣和行為不會撒謊，當你的言行不一致時，我每次只會選擇相信，你的行為才是真的。如果你告訴我，你想要健康，指頭卻沾滿了多力多滋的粉末，我相信多力多滋的粉末。如果你說，自我改進是你的優先要務，但你花在 Xbox 上的時間比圖書館的還多，我相信的是 Xbox。如果你說，你很敬業、專業，卻總是遲到，又沒有做好準備；你的行為每次都會主動告發你。你說，家人是你的第一優先，但他們並未時常出現在你忙碌的行事曆上，其實他們並不是你的第一優先。看一下你列出

你的習慣和行為不會撒謊。

的壞習慣清單，這才是真實的你。現在，請你決定這樣的你是否 OK，或者你想要改變。

　　下一步，請你在清單上，加入你必須採納、養成的習慣──那些持續做、假以時日，歷經複利效應後，將使你輝煌達成目標的習慣。

　　請你寫這份清單，並不是想讓你批判自己的行為，充滿懊悔，削弱你的幹勁，而是要讓你清楚檢視自己想要改進哪些部分。我不會停在這裡，把這項工作交給你；接下來，我會帶你看幾個有效的方法，告訴你如何根除那些有害的壞習慣，培養有益的新習慣。

改變遊戲：根除壞習慣的 5 項策略

　　你的習慣是後天習得的，因此它們可以被去除。若你想要人生航向一個新的方向，首先你必須拔起一直把你往下拉的壞習慣之錨。要領就是使你的動機強大到超越你想要獲得立即滿足的欲望，因此你可能需要一份新的遊戲計畫，下列是我最喜歡的改變遊戲策略。

1. 辨識觸發原因。

　　檢視你的壞習慣清單，針對每一個壞習慣，辨識觸發原因。重點在於，釐清每一種有害行為的四個 W——誰（Who）、什麼（What）、何處（Where）、何時（When），例如：

- 你和哪些人在一起時，更容易飲酒過量？
- 一天中的哪些特定時刻，你就是想吃甜食？
- 什麼情緒最容易引發你最糟糕的習慣？壓力、疲憊、憤怒、緊張、無聊？
- 你何時會感受到這些情緒？和誰在一起時？在哪裡？在做什麼事？
- 什麼情況會讓你這些壞習慣浮現？坐進車子之後？績效評估前？造訪姻親時？參加研討會？在什麼社交場合？當你感到不安全時？或是，當截止日期逼近時？
- 仔細觀察你的日常作息，起床後、工作空檔休息時、午餐時間、忙了一整天回到家後，你通常都會說什麼？

　　同樣地，我要請你拿出工具，把觸發原因寫下

來。光是這個簡單的小行動，就能夠顯著提高你的
意識了。當然，不是這樣就結束了，如前所述，提
高你對壞習慣的意識，還不足以打破這些習慣。

2. 動手改變。

　　下一步，就是「動手改變」。這既是字面意思，
也是一種比喻。如果你想要戒酒，就把房子（若你
有渡假屋，也包含在內）裡的每一滴酒給清理掉。
不是只有酒杯，還有任何你喝酒時會用到的花俏小
玩意兒都得處理掉，包含那些裝飾用的橄欖也是。
如果你想要戒掉喝咖啡，請收掉咖啡機，順便把那
包特選咖啡豆，送給你那昏昏欲睡的鄰居。

　　如果你想要控制支出，找個晚上取消訂閱所有
送進你郵箱的型錄或零售廣告。這麼一來，你甚至
無須額外的紀律，把廣告信件從你的郵箱移到資源
回收箱。如果你想要吃得健康一點，請快點找個時
間把你家櫥櫃裡的垃圾食品給清理掉，也不要再購
買垃圾食品。別再爭論這件事——就因為你不想吃
垃圾食品，就連帶讓家人也不能吃垃圾食品，這是

「不公平」的事。相信我，不吃垃圾食品，對你所有的家人都有益，所以別再讓垃圾食品進到你的家門。凡是會觸發你的壞習慣的因素，全部都要清理掉。

3. 找東西取代。

請再次檢視你的壞習慣清單，你可以如何改變，以減輕它們的傷害？你能不能用比較有益的習慣加以取代，或是永久除掉它們？

認識我的人都知道，我很喜歡在飯後吃點甜的東西。如果屋內有冰淇淋的話，那這個「吃點甜的東西」，就會變成摻了很多配料的三球冰淇淋香蕉船，熱量高達 1,255 大卡。後來，我改用兩顆好時巧克力來取代，熱量大約 50 大卡。我還是能夠滿足「吃點甜食」的口腹之欲，但無須多花一個小時在跑步機上消耗過多熱量。

我嫂嫂無意間開始了一個壞習慣：她在看電視時，喜歡吃鹹鹹脆脆的垃圾食品，經常在不知不覺間，就嗑掉了一整包的墨西哥玉米脆片。後來，她

發現自己享受的，其實是嘎吱嘎吱咀嚼脆東西的口感，所以就決定改用紅蘿蔔、芹菜條和生的綠花椰來取代之前的壞習慣。這麼做，她還是可以獲得咀嚼脆東西的享受，同時攝取了 FDA 建議的蔬菜攝取量。

我以前有個員工有個壞習慣，每天喝八到十罐的健怡可樂，這真的是很糟糕的壞習慣！後來，我建議他喝低鈉碳酸水，加上新鮮檸檬、萊姆或柳橙。他這麼做，大約才一個月之後，就發現自己根本不需要碳酸飲料，於是改喝起白開水。

試試看這項策略，看你可以取代、去除、汰換哪些行為。

4. 逐步擺脫。

我住的地方靠近太平洋，每次要下水時，我都會先讓我的腳踝適應水溫，再走到膝蓋深的地方，然後腰部、胸部，最後才全身投入海中。有些人喜歡直接奔跑，一口氣跳進海裡。他們喜歡這樣，我不喜歡，我喜歡一步步慢慢來，或許這是我童年的

創傷後遺症吧，等等就會提到。對於一些存在已久、根深蒂固的習慣，採用逐步鬆脫的方式，可能更為有效。畢竟，你可能已經花了數十年的時間重複強化這些習慣，給自己一些時間，逐步擺脫它們，可能會是比較明智的做法。

幾年前，我太太的醫生要求她控制飲食中的咖啡因攝取量幾個月的時間。我們兩個都愛喝咖啡，如果她必須吃這種苦頭，我決定我們一起做，這樣才公平。首先，我們採取 50 ／ 50 策略一週時間，也就是一週 50％喝低咖啡因咖啡，50％喝一般咖啡。然後，第二週我們 100％喝低咖啡因咖啡，接著我們喝低咖啡因伯爵茶一週，再喝低咖啡因綠茶一週。雖然我們花了一個月的時間才達成目標，但我們完全沒有出現咖啡因戒斷症狀，例如頭痛、想睡、腦霧（失神、健忘又遲鈍）等。要是當時我們說戒就戒，立刻碰都不碰……哎，真不敢想像。

5. 一次解決。

但不是每個人都適合這種逐步擺脫的方法，一

些研究人員發現，人們一舉改變許多壞習慣，反而可能更容易改變生活型態。舉例來說，心臟科醫師狄恩‧歐尼希（Dean Ornish）博士發現，他可以在不施以藥物或手術的情況下，用急劇的生活型態改變，扭轉病患的重度心臟疾病。他發現，讓這些人同時戒掉幾乎所有的壞習慣，往往似乎更容易做到。

歐尼希醫師讓病患參加訓練課程，他用一套非常低脂的飲食，取代他們原本高脂肪、高膽固醇的飲食。這套訓練課程也包含運動——讓他們走路或慢跑，別老是窩在沙發上——以及一些減輕壓力的方法，還有其他對心臟健康有益的習慣。很神奇，不到一個月的時間，這些病患戒掉存在已久的壞習慣，擁抱新習慣；一年後，他們的健康狀態顯著改善。雖然我個人認為，這種情況算是特例、並非慣例，但你必須找到對你最有效的策略。

小時候，我和家人到一個沒什麼名氣、名為羅林斯湖（Lake Rollins）的景點露營。這座湖位在北加州，離內華達山脈不遠，湖水來自太浩湖（Lake Tahoe）山頂的冰河融水，極其冰冷。我們

在那裡露營的每一天，我爸都要求我到湖上練習滑水。我一整天都很焦慮，害怕聽到我爸一聲令下。我喜歡滑水，但討厭「下水」，這有點矛盾，哪有滑水不下水的呢？

我那鐵血紀律的老爸，絕對不讓我逃過任何一次，他偶爾就乾脆直接把我丟進水裡。經過十幾秒近乎失溫的痛苦之後，我總是覺得湖水使我感到神清氣爽，精神煥發。我對下水的預期心理，其實比直接跳進水裡的實際體驗還要糟糕，一旦我的身體適應之後，滑水就變成樂事一件。儘管如此，每次我依然要經歷這種害怕與解脫的循環。

其實，那種體驗跟突然停止或改變某項壞習慣的感受還滿相似的，短時間內可能會感到很痛苦，至少相當不舒服，但就像身體經由體內平衡的過程來適應環境改變，我們也有類似的自我平衡能力調適於不熟悉的行為改變。而且，我們的身心通常能夠相當快速地調適於新的境況。

有時，一步步慢慢來，就是行不通，你必須一口氣跳進去。現在，請你思考：「哪些部分，我可

以一步步慢慢開始，自己負責？」，以及「哪些部分，我必須採取更大的躍進？哪些部分，我一直試圖規避痛苦或不安，但心中明明知道，要是勇往直前的話，我很快就能夠適應？」

我之前有個合夥人有個弟弟是酗酒者，經常豪飲啤酒、在酒吧鬧事，過著派對生活。他可以午餐喝，晚餐喝，晚餐後喝，整個週末喝不停。有一天，他參加大學同學的婚禮，看到同學哥哥比他倆都大十歲，但是看起來比他倆都年輕！他看著同學哥哥在婚禮上跳舞、歡笑、玩樂，散發出他多年來未曾感受到的活力，當場便決定再也不沾一滴酒。而且，他真的說到做到，再也不碰。至今，他已經超過六年滴酒不沾了。

在改變居家壞習慣方面，我是一步步慢慢來。但是，在專業生活上，我發現一次大躍進的方式遠遠更為有效。不論是投入新事業，或是和潛在新客戶、事業夥伴或投資人交手，逐步慢慢來通常行不通。每一次，我總會想起羅林斯湖的經驗，知道一開始雖然痛苦，但只要經過一點點的時間就會很

好，暫時的不適很值得。

惡習檢查：禁戒 30 天

　　但我不是建議你革除生活中所有的壞習慣，在大多數情況下，中庸、適度是好事。儘管如此，你要如何知道一個壞習慣，是否逐漸凌駕於你之上呢？我相信一個做法：檢查自己的惡習。我不時會來一次「惡習齋戒」，選擇一項惡習進行檢討，確定在我和這項惡習的關係中，我還是做主的老大。那麼，我有哪些惡習？喝咖啡、吃冰淇淋、品酒和看電影。我在前文已經提過我對冰淇淋的著迷，在葡萄酒方面，我確保自己是喝一杯，好好享受、犒賞自己，不是放任自己沉浸於壞情緒中。

　　大約每隔三個月，我會挑選一項惡習，進行30 天的禁戒（這或許是源自我天主教四旬期的教養，齋戒 40 天。）我喜歡向自己證明，我還是掌控者。你也可以試試這種方法，挑選你的一項惡習——你維持得還算適度，但清楚知道它對你的最大益處並無貢獻的習慣，進行一次 30 天的禁戒試

驗。如果你發現非常難以度過這 30 天的禁戒，那表示你可能發現一項值得你根除的習慣了。

改變遊戲：培養好習慣的 6 個方法

前文幫助你去除把你帶往錯誤方向的壞習慣，接下來，我們必須創造新的選擇與行為，最終養成將你帶往你最大渴望的習慣。去除一項壞習慣，意味的是從你的日常作息中除掉某樣東西；養成一項更有益的新習慣，需要的是完全不同的技巧。養成一項新習慣，就像你在種一棵樹一樣，必須澆水、施肥，確保根部扎實。這需要努力、時間與實踐，在接下來的這些段落，我要分享我最喜歡的好習慣養成方法。

領導力專家約翰・麥斯威爾（John C. Maxwell）曾說：「如果你不改變日常做的事情，永遠都不會改變你的生活。成功的祕訣，就在於你的日常作息。」根據研究，一項新習慣必須經過 300 次的正向強化，才會變成一種不知不覺的自然行為。這幾乎等於一年的實踐！所幸，如前所述，經過三週的

強力聚焦之後，把一項新習慣鞏固於生活中的可能性，將會大幅提高。這意味的是，若我們在頭三週天天留意一項新習慣，就更有可能把它變成終身行為。

事實是，你可以在一秒間改變一項習慣，也可以經過十年後，還在努力嘗試改變。你這輩子第一次觸碰到一個滾燙熱爐時，立刻就知道絕對不會把它變成一種習慣！熱的衝擊和疼痛感太強烈了，永久改變了你的意識，你知道你這輩子都會特別留意熱爐。

所以，要領在於留意。如果你真的想要保持一個良好的習慣，每天至少要注意它一次，這樣遠遠更可能成功。

如果你不改變日常做的事情，
永遠都不會改變你的生活。
成功的祕訣，就在於你的日常作息。

---

1. 做好準備，迎向成功。

　　想要建立任何新習慣，你必須在日常生活中下點功夫，新習慣必須和你的生活風格契合。如果你加入的健身房位於三十英里外，你大概不會經常跑到那麼遠的地方運動。如果你是隻夜貓子，但是加入的健身房傍晚六點就關門了，對你來說也行不通。你的健身房必須離得近、足夠方便，營業時間和你的作息要能夠配合，這樣你才可能規律運動。

　　若你想要減重、吃得更健康一點，務必在你的冰箱和糧食收納櫃裡存放健康食品。想確保自己中午餓了時，不會狂吃自動販賣機裡的零食？很簡單，在你的辦公桌抽屜裡，擺放一些堅果和健康零食。餓了時，最容易去找空有熱量的碳水化合物食品來吃，我使用的一項策略就是準備高蛋白質食物，我會在星期天烹飪一堆雞肉，包裝好，下一週就可以隨時食用。

　　我有一項最容易分心、最具傷害性的習慣，就是電子郵件上癮症。我是說真的，沒有在開玩笑，每天都有大量 email 湧入我的收件匣，如果我不高

度保持專注、有條不紊,每天很容易損失好幾個小時在收發 email。為了養成新習慣:每天只查看email 信箱三次,我關掉所有的通知鈴聲、所有的自動接收功能,而且在非查看 email 的時段,我不會打開信箱。我必須主動築好防堵牆,以免自己一整天不斷掉進那漩渦。

2. 思考加法,不是減法。

　　有一次,我訪問談話性節目主持人蒙泰爾・威廉斯(Montel Williams),他告訴我他因為多發性硬化症保持嚴格飲食的情形。他採取所謂的「加入法則」(The Add-in Principle),我認為,這個方法廣泛適用於懷抱任何目標的任何人。

　　他說:「重要的,不是你試圖從飲食中去除什麼,而是你在飲食中加入什麼。」這已經成了他對生活的類比,他不去想自己必須被剝奪什麼,或是飲食中必須去除的東西(例如,「我不能吃漢堡、巧克力或乳製品」),他想的是自己能夠吃的東西(例如,「我今天打算吃沙拉、蒸蔬菜和新鮮的無花

果。」）他把焦點和肚子填滿他能夠吃的東西，這樣就不再注意或渴望他不能吃的東西。他不是去注意自己必須犧牲的東西，而是想著能夠「加入」的東西，這讓他變得更有力量。

我有個朋友想要改掉浪費太多時間看電視的壞習慣，為了幫助他，我問他，如果有三個小時的空閒時間，他想要做什麼？他說，他會多陪小孩玩一下。我請他挑選一個他一直想要培養的嗜好，他選了攝影。他是個十足的科技迷，所以添購了不少高科技的相片編輯器材；他們全家出遊時，他開心攜帶拍照器材，為小孩拍攝很棒的照片。然後，他在晚上花幾個小時編輯這些照片，製作成投影片和相簿，供全家欣賞。

結果，他們全家一同歡笑，回憶彼此共度美好時光的種種趣味。由於他太聚焦於陪孩子和拍照，使得他晚上不再有時間和欲望去看電視。他發現，他以往花那麼多時間，坐在電視機前放空，是因為這樣比較容易讓他的心思擺脫工作。他改用新習慣──和孩子玩耍、維持攝影嗜好──來取代看電

視，找到了遠遠更有益、回報更大的熱情。

　　你可以選擇加入什麼，來豐富自己的生活體驗？

3. 公開當責。

　　想像一位官員的就職宣誓：「余誓以至誠……」，然後演講自己將如何兌現競選承諾。一旦她公開談論這些話題，相關言論就會被列入官方紀錄，必須為任何違反承諾的行動負責，但也會因為推動目標而受到讚揚。

　　所以，想要鞏固你的新習慣？找個「老大哥」來監視你吧！現在有那麼多社群媒體，這件事再容易不過了。我聽說，有個女士為了控管財務，決定在部落格上記錄自己每天花的每一塊錢，並且邀請家人、朋友和同事追蹤自己的支出習慣。有那麼多雙眼睛看著她，她對自己的財務變得更負責，用錢也更有紀律。

　　有一次，我為了幫助一位同事戒菸，告訴公司所有的人：「大家注意了！薩爾達小姐決定戒菸了，很棒吧？她剛抽完她的最後一根菸！」然後，

我在她的辦公隔間外，掛了一幅大掛曆，她沒抽菸
的那一天，掛曆就會畫上一個紅色的大 X。結果，
同事們都開始注意那幅掛曆，為她加油，掛曆便開
始不斷地填上大 X。薩爾達不想讓那幅掛曆白費，
也不想讓她的同事失望，更不想讓自己失望，最後
戒菸成功！

　　所以，你可以告訴你的家人、你的朋友你想做
什麼，讓臉書和推特幫你宣傳，把消息放出去。讓
眾人的目光放在你的身上，你必須負責。

4. 找個成功夥伴。

　　兩個人攜手邁向相同目標，是最有力的方法之
一。想要提高你的成功可能性，你可以找一位成功
夥伴，他／她會督促你鞏固新習慣，你也會督促他
／她鞏固新習慣。比方說，我就有一位「顛峰表現
夥伴」，每週五早上 11 點整，我們會通 30 分鐘的
電話，交流彼此的成功、失敗、困境、頓悟，徵詢
必要的反饋，並且要求彼此當責。你也可以找個成
功夥伴，一起規律走路、跑步、上健身房，或是碰

面討論、交換有助於個人成長的書籍。

5. 競爭 & 同袍情誼。

　　沒有什麼比友善的競爭，更能夠激發你的好勝心，使你幹勁十足，沉浸於你的新習慣裡。全美電視名人梅梅特・奧茲醫生（Dr. Mehmet Oz）在一次訪談中告訴我：「如果人們每天多走一千步，就能夠改變生活。」《成功》雜誌的母公司VideoPlus，舉辦了一場步行比賽，用計步器來計算步數，員工組成多支團隊，看哪支團隊最後走了最多步。

　　我很訝於看到，以前不會為了健康或益處運動的人，突然間一天開始走個四、五，甚至六英里！午餐時間，他們會去停車場走路。要是他們事先知道要開電話會議，時間快到了時，就會突然走出辦公室，一邊走路，一邊用手機進行電話會議！因為這場比賽，他們尋找各種方法來增加活動，所有人的步數都被追蹤記錄，全辦公室上下都可以看到誰鬆懈了、誰加快了，參賽者的步數每天增加。

可惜，比賽一結束，步數就明顯直線下滑。比賽結束一個月後，下滑了超過 60％。再度舉辦比賽之後，步數就立馬回升。只是一場小比賽，就能夠加速人們的引擎，讓他們產生奇妙的社群感，創造出一些共同體驗和同袍情誼。

所以，你可以安排和你的朋友、同事或隊友，進行什麼樣的友誼競賽？如何為你的新習慣，注入一點有趣的競爭氣氛和好勝心？

6. 慶祝！

「只用功不玩耍，聰明孩子也變傻」，你很容易就會開始倒退，故態復萌。過程中，你應該安排慶祝的時刻，享受你一部分的勝利果實。一直犧牲、沒有收穫，你肯定很難撐得下去。所以，你必須每個月、每週、每天為自己找點犒賞，哪怕只是小小的獎勵都好，肯定自己堅持新的行為。你的犒賞可以是：給自己一點時間去散散步，或是泡澡放鬆一

只用功不玩耍，聰明孩子也變傻。

下，閱讀一些有趣的內容。若是你達成較大的里程碑，或許可以預約按摩，或是去喜愛的餐廳吃晚餐。承諾自己，當你到達彩虹彼端時，你會給自己一大袋黃金。

改變很難──太好了！

99％的失敗者和成功者有一個共通點，那就是全都很討厭做相同的事，但差別是：成功者儘管討厭，還是會繼續做。改變很難，這是很多人不去改變壞習慣的原因，也是很多人最後落得不快樂、不健康的原因。

但是，改變很難的這項事實，令我興奮。為什麼？因為如果改變很容易，人人都去做，你我就更難突出、成為不凡的成功者。平凡很容易，不凡才能使你與眾不同。

當某件事很困難時，我總是感到高興，因為我知道大多數人不會做出必要努力，我更容易走在前頭。我喜愛馬丁・路德・金恩博士（Dr. Martin Luther King, Jr.）的這番話：「對一個人的終極評

價，不該看他在安逸時的表現，應該看他在充滿挑
戰與爭議時的表現。」若你不畏困難、沉悶與艱
辛，仍然堅定奮鬥，你就會進步，在競爭中昂首闊
步。若一件事情困難、辛苦且乏味，沒關係，做就
是了！請繼續做下去，複利效應的神奇力量，終將
帶給你豐厚回報。

要有耐心

　　想要改變經年的壞習慣、培養新習慣，切記要
對自己有耐心。如果你現在試圖改變的行為，已經
存在了二十年、三十年或四十年之久，你必須預
期，這需要花費相當時間努力，才能夠看到持久的
成果。

　　科學顯示，重複多年的思想與行為型態，會形
成「神經標記」（neuro-signature）或「腦部溝槽」
（brain grooves）——一連串互連的神經元，攜帶著
某一特定習慣的思想型態。注意力會滋養習慣，當
我們留意一項習慣時，就會啟動腦部溝槽，釋放與
這項習慣相關的思想、欲望和行動。若我們停止注

意壞習慣,那些腦部溝槽就會變弱。當我們形成新習慣,每重複這項習慣一次,腦部的新溝槽就會加深,不斷地重複下去。最後,新習慣的腦部溝槽,將會蓋過舊習慣的腦部溝槽。

新習慣的養成(以及在你腦部刻下新溝槽)需要時間,所以你對自己要有耐心。若是你破了戒,故態復萌,沒關係,拍拍塵泥、揮揮灰,別自責,重新振作。不要緊的,誰都有失足的時候,再次努力或嘗試另一種策略,加強你的承諾與堅持,堅定前進,你將會獲得巨大回報。說到回報,下一章我們會真正開始脫穎而出,看到倍數效果。如果你能夠有紀律地運用前三章的基本功,你將會開始獲得回報,巨大的回報!

你可以這樣運用複利效應

> ↗ 辨識你三個最好的習慣——那些可以支持你最重要目標的習慣；辨識使你偏離你最重要目標的三個壞習慣。
>
> ↗ 辨識你必須發展的三個新習慣，以使你步入正軌，邁向你最重要的目標。你可以使用書末附錄的習慣量表。
>
> ↗ 辨識你的核心動機，發掘能夠激勵你、持續鼓勵你達成重要成果的動機。你可以使用書末附錄的核心價值觀量表。
>
> ↗ 找到你的力量，訂定簡單、明確、具有說服力，可以打動人的目標。你可以使用書末附錄的表格設定你的三個主要目標。

第 4 章

動能

　　我想向你介紹我的一位好友，這位朋友也和比爾‧蓋茲（Bill Gates）、史蒂夫‧賈伯斯（Steve Jobs）、理查‧布蘭森、麥克‧喬丹（Michael Jordan）、藍斯‧阿姆斯壯、麥可‧費爾普斯（Michael Phelps），以及其他每一位超級成就者關係親近，他對你產生的影響將無出其右。

　　我要向你介紹「魔」（Mo），我喜歡叫它「大魔」（Big Mo）。毫無疑問，大魔是一股最強大、最神祕的成功驅動力，你看不到、感覺不到，但你了解

它之後，就會知道它是什麼。不過，你不能期待它每次都會出現，但是當它出現時，哇！它能夠把你發射到成功的平流層。一旦你獲得大魔襄助，幾乎無人能夠趕上你。

我對這一章的內容感到興奮，當你落實接下來提供的概念與方法，你的回報將至少是你花在這本書上的千倍（以上）。真的，這些概念與方法很給力！

招喚大魔

還記得高中物理課學些什麼嗎（你應該還記得吧？）請回想牛頓第一運動定律，又稱為「慣性定律」：靜止的物體，總是保持靜止狀態，除非有外力施加其上；運動中的物體，總是保持運動，除非有外力施加其上，使其停止運動。也就是說，沙發馬鈴薯，總是保持著沙發馬鈴薯的模樣；成功者——進入成功律動模式的人——持續努力，成就愈來愈多。

建立動能並不容易，一旦你建立了動能，就要

當心了！還記得你小時候玩旋轉木馬的情形嗎？一群朋友一擁而上，整座旋轉木馬立刻變得沉重，他們開心喧鬧，你努力使木馬旋轉起來。萬事起頭難，從靜止到啟動的第一步是最難的，你必須又推又拉，皺眉呻吟，使盡全身力氣。一步、兩步、三步，似乎沒啥用。經過一番努力，終於有了一點速度，你跟著跑了起來。儘管你已經動了起來（你的朋友喊得更大聲了），為了達到你真正想要的速度，你必須愈跑愈快，一邊拉住側桿，一邊用盡力氣跑。

終於，你成功了！你跳上去，加入朋友，感受微風吹拂臉龐的舒快，外面世界旋轉成模糊色彩。過了一會兒，旋轉木馬開始慢了下來，你跳下木馬，在邊上拉著跑一分鐘，讓它恢復速度，或是大力推它個幾把，再跳回木馬上。一旦旋轉木馬快速轉動，動能就會接管，使它變得容易繼續轉動。

請以同理看待任何改變。你從一小步開始，一次一個行動，進展緩慢。但是，一旦新形成的習慣起作用，大魔就會加入，你的成就和結果，將會快

速複利倍增。

　　火箭推進航空器的發射，也是如此。太空梭在飛行頭幾分鐘使用的燃料，比剩餘整個飛行航程所使用的還多，因為一開始，它必須擺脫地心引力，一旦擺脫了地心引力，它就能夠滑入運行軌道。難的部分是？從地面起飛。你的舊習慣和制約你的一些舊條件，就如同旋轉木馬的慣性或地心引力，所有事物都想保持靜止，你需要很大的精力來擺脫慣性，讓你的新行動順利展開。不過，一旦你取得動能，就很難停止，幾乎勢不可當——縱使你此時投入的努力已經明顯減少，你同樣獲致更大成果。

圖表 4.1

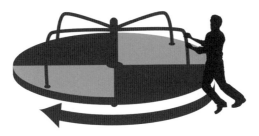

你必須花費時間和努力，才能夠招來大魔（動能）。一旦大魔出現，你的成就和結果，就會快速複利倍增。

你可曾納悶過，為何成功的人往往變得更成功，有錢人往往變得更有錢，快樂的人往往變得更快樂，幸運的人往往變得更幸運？因為他們找到大魔；好事發生，接踵而來。

不過，動能可以載舟，亦可覆舟。複利效應一直都在發揮作用，不良習慣若不加以節制，影響力可能愈增愈強，把你推入失控的「不幸」境況與後果。還記得第 1 章看過的 C 先生嗎？幾個小小的壞習慣，最後導致他增胖 15 公斤，並因為那些習慣形成的負能量，導致工作表現差，婚姻也觸礁。

慣性定律告訴我們：靜者恆靜，動者恆動，這就是複利效應在對你產生不利作用。你花愈多時間坐在沙發上看電視劇《男人兩個半》（*Two and a Half Man*），就愈難起身去做別的事。所以，現在就開始吧！

如何讓大魔出現？你得花點功夫招喚它。你可以做我們到目前為止討論過的事情來培養新習慣：

1.）根據你的目標和核心價值觀，做出新選擇；

2.）透過有益的新行為，把這些選擇化為實踐；

3.）重複這些有益的行為一段夠長的時間，以建立新習慣；

4.）在你的日常紀律中，建立例程與節律；

5.）持之以恆。

然後，砰！大魔上門了（這是好事）！接下來，你幾乎勢不可當。

世界金牌的祕密

想想 2008 年在北京奧運奪下八面金牌的傳奇泳將「飛魚」麥可‧費爾普斯，他是如何辦到的？在教練鮑伯‧波曼（Bob Bowman）的指導下，費爾普斯鍛鍊技能十二年，他們一起建立了例程與節律，發展表現的一貫性，使費爾普斯能夠適時（在奧運）把握動能。費爾普斯和波曼的共生關係，其範圍、雄心和絕對可預測性，是為人津津樂道的傳奇。

波曼對費爾普斯平日練習的一貫性，要求高到什麼程度呢？可以從費爾普斯最深刻的記憶之一看出：有一次，波曼准許他提早 15 分鐘結束訓練，

好讓他去盥洗換裝，參加中學舞會！而且，那是十二年來唯一的一次！難怪費爾普斯在泳池裡所向披靡。

　　你大概有 iPod 吧？你想過這個小玩意兒能夠誕生在你口袋的歷程嗎？當 iPod 問世時，蘋果公司已經存在了二十多年，雖然 Mac 電腦向來擁有高度忠誠的粉絲，但它在個人電腦市場的整體市占率仍小。iPod 當然不是最早問世的 MP3 播放器，實際上，蘋果公司很晚才進軍這個產品領域，但他們做了重要的事：一貫致力於維持顧客忠誠度，堅定追求高品質、創新設計、易於使用。他們把 MP3 播放器打造得更簡單、更酷炫、更容易使用與把玩，並且透過別出心裁的有趣廣告來行銷，結果奏效了，在全球大受歡迎。

　　但是，iPod 並非一夕之間成功。在 iPod 問世的 2001 年，蘋果公司的年營收成長，從前一年的 33％銳減為 –33％。2002 年，年營收仍是 –2％的成長，不過 2003 年由負轉正，年營收成長 18％。2004 年成長 33％，到了 2005 年，該公司迎接大

魔，砰！年營收成長一口氣躍升至 68％，在 MP3
播放器市場囊括了超過 70％的占有率。你應該知
道，大魔後來也幫助蘋果公司以 iPhone 制霸智慧
型手機市場，以 iTunes 縱橫數位音樂供應服務市
場，而且這股動能也讓蘋果在原始事業個人電腦市
場中復甦成長。有了大魔襄助，蘋果若進軍其他市
場，我也不會感到意外。

　　不只蘋果，谷歌也曾經有段時間，只是個掙扎
求生的小搜尋引擎，但現在，它已經囊括了超過
60％的市占率。YouTube 創立於 2005 年 2 月，在
同年 12 月正式開站，但直到有人上傳從《週六夜
現場》（*Saturday Night Live*）節目剪輯的短片〈慵
懶週日〉（"Lazy Sunday"）後，才開始有巨量人流
湧入。這支影片如病毒般爆紅，在國家廣播公司
（NBC）要求下架前，觀看人次在很短的時間內突
破 500 萬。YouTube 就此青雲直上，因為他們有大
魔襄助，很快就在影片分享市場的占有率超過
60％！ YouTube 創辦隔年底，谷歌就找上門，以
16.5 億美元收購他們的大魔，哇！

　　費爾普斯、蘋果、谷歌和 YouTube 有什麼共通點？在達到動能的前後，他們都做同樣的事。他們維持的習慣、紀律、例程及一貫性是開啟動能的鑰匙，大魔出現後，他們就變得銳不可當。

例程的功效

　　我們的一些最佳意圖之所以失敗，是因為沒有一套良好的執行系統。簡單來說，你的新態度和行為，必須融入你每個月、每週及每天的例程中，才能夠產生實質、有益的改變。

　　什麼是例程？就是你每天必做的事，例如刷牙、開車繫上安全帶等。因為必做、重複做了夠久，最後你不經思考，自然就會做這些事。第 3 章曾經討論過，仔細檢視你成功做到的那些事，很多你可能已經列為例程。這些例程能夠減輕我們的生活壓力，它們讓行動成自然、發揮特定功效。為了達成新目標、養成新習慣，你必須建立新的例程，支持你的目標。

　　挑戰愈大，例程就需要愈嚴格。你可曾想過軍

方的新兵訓練，為何要那麼嚴格、辛苦？鋪床、擦鞋、立正之類的小事，為何變得那麼重要？建立例程來訓練士兵，是為了讓他們為戰鬥做好準備，這是促使他們在極度壓力下，有高效率、高成果、可靠表現的最有效方法。在基本訓練中建立、發展出來的這些貌似簡單的例程，精確到就連軟弱、怯懦、邋遢、散漫的年輕人，都能在短短八到十二週的時間，變成精實、有自信、使命導向的士兵。他們的例程練習到熟爛，使得這些年輕士兵縱使在戰鬥的混亂中，也能夠靠本能精確行動。這種強度的訓練和練習，培養出縱使在瀕臨死亡威脅下，也能夠執行任務的士兵。

　　當然，你的生活應該沒有那麼危險，但如果你的日常作息沒有建立適當的例程，你的生活可能會難以駕馭，甚至有點辛苦，但這完全沒有必要。建立可預期的日常紀律例程，能夠幫助你在生活戰場上得勝。

　　美國最成功的職業高球手之一傑克・尼克勞斯（Jack Nicklaus），揮桿前的例行動作很出名。他對

每次揮桿前的「儀式」很虔誠，會用一連串的例行身心步驟，使自己充分專注，為揮桿做好準備。首先，尼克勞斯會站在球的後方，在球和目標之間，挑出一、兩個中間點。在走動、衡量如何處理這顆球時，他會先把桿面對準他的中間點目標，直到他覺得桿面擺正之後，雙腳才就定位。然後，他準備擊球，先來回擺動球桿，望向目標。接著，他會再度回到他挑的中間點，然後回到球桿上，重複瞄準。做完這些預備動作，他才會真的揮桿，把球擊出去。

　　某次大賽，一位心理師仔細觀察、測量尼克勞斯從袋中取出球桿的那一刻，到他擊球的那一刻。你猜怎麼著？每一擊，從開球座到第十八洞果嶺，尼克勞斯的例行動作，大概從未變動超過一秒。真是太神奇了！這位心理師也仔細觀察、測量過格雷格・諾曼（Greg Norman）在 1996 年名人賽中的不幸失常。哎呀，隨著比賽推進，他的揮桿前例行動作愈來愈快，例行儀式的改變，妨礙了他的節奏和一貫性，以至於他一直未能抓住動能。諾曼改變例

行動作的那一刻起，他的表現就變得不可預測，成果也變得不穩定。

美式足球的踢球員，同樣重視踢球前的例行動作。他們不知道已經做過同樣的動作幾千幾萬次，只要抓住正確節律，就可以預期好表現。同理，也可以預期，如果沒有踢前的例行動作，他們在高壓下的表現，很可能大幅遜色。飛行員也是一樣，起飛前會執行例行檢查項目。縱使是飛了幾萬、幾十萬個小時的老鳥，或是剛從前一個地點飛回來，飛機有「完美」評量表現也一樣，飛行員每次必定執行起飛前的例行檢查。這不只是要讓飛機準備好，更重要的是，可以讓飛行員保持專注，為即將執行的飛行工作做好準備。

我從合作過的所有高成就人士和企業主身上看到，他們除了擁有良好的習慣，也建立了適當例程，以達到必要的日常紀律。這是任何人可預期管理行為的方法，別無其他途徑。成就最高者和其他人的差異在於，他們藉由良好的習慣和紀律，建立起日常例程，例程的功效非常大。

　　為了建立有效益的例程，首先你必須決定，你
想落實什麼行為和習慣？你在第 3 章曾經審視過自
己的目標，也想過必須改掉、新增哪些行為。接下
來，你應該效法尼克勞斯，思考你的最佳揮桿前例
程應該包含哪些行動，它們必須要有目的性。在你
建立了一項例程之後，例如一項早晨例程，請把它
當成灌了水泥，起床後就做這項例程，沒有異議。
若某人、某事打斷你，就從頭再來一次，這是在為
你接下來的表現打好基礎。

利用早晚控管你的一天

　　想在你的領域內達到世界級的水準，關鍵就是
用世界級水準的例程，來改善你的表現。你很難精
準掌控平日白天會發生什麼事，就算你嘗試預料，
多半也徒勞無益。但是，你幾乎總是可以掌控你如
何開始、結束一天。我在一天的開始和結束時，都
建立了例程。接下來，請容許我用一些篇幅和你分
享，讓你有一些概念，希望這樣能夠幫助你更了
解，讓新行為成為有紀律歷程的功效和重要性。我

會根據自己想要達成的目標，設計我的行為和例程。下列敘述一些對我有效的做法，你或許可以從中獲得一些啟示，找到你想嘗試的策略。

起床後

　　我的早晨例程，就像尼克勞斯揮桿前的準備，讓我為一整天做好準備。由於每天早上都會發生，很固定，我根本不需要思考。我的 iPhone 鬧鐘設定在早上 5 點響起（好吧！有時是 5：30am），我會按一下按鍵，我知道我有九分鐘的時間可以賴床。為什麼是九分鐘？我也不知道，問賈伯斯吧！他設計的程式。

　　在那九分鐘內，我會做三件事。第一，我會想一下我感恩的所有事物。我知道，我必須調整為富足心態，對我已經擁有的東西感恩。當你用這種感覺和定位展開一天，這個世界看起來會變得很不同，你也會覺得這個世界對你的回應很不同。

　　我做的第二件事，聽起來有點奇怪：我對某個人「發送愛」。獲得愛的途徑，就是給予愛；我想

要獲得更多的東西之一就是愛。我給予愛的表現，就是想到某人——任何人，可能是我一個朋友、親戚、同事，或是我在超市遇到的某個人——然後對他／她發送愛，方法是想像我對他／她的祝福與期望。當然，有些人會把這稱為「祈福」或「禱告」，我則是稱為「內心的愛之信」。

　　醒來後，我做的第三件事，就是思考我的第一目標。我會決定今天要做哪三件事，以朝著這個目標更前進一些。例如，在撰寫本書之際，我的第一目標是在我的婚姻中加深愛與親密感。每天早上，我都會計畫當天能做哪三件事，使我的太太感受到被愛、被尊重、生活美好。

　　起床後，我會煮一壺咖啡。在煮咖啡的同時，我會做大約十分鐘的伸展操，這是我從梅梅特‧奧茲醫師那裡學到的。若是你和我一樣，重訓做了一輩子，大概身體也是滿僵硬的。我認知到，如果我想在生活中做更多伸展操，唯一的方法就是把它變成一項例程。我研究過自己的日常作息，看哪個時段可以讓我固定做這件事，結果早上煮咖啡時，是

個不錯的時段。

　　做完伸展操、倒了咖啡，我會坐到舒適的皮躺椅上，在 iPhone 設定 30 分鐘的時間（不多也不少），閱讀正面、有教育性的內容。時間一到，手機鈴聲響起，我就會開始做我目前最重要的計畫，持續一個小時，完全專注、不分心。請注意，我到此時，還沒有打開電子信箱。

　　然後，每天早上 7 點，是我的「校準之約」。這是我在行事曆上訂定的每日 15 分鐘例程，旨在把我當天的行動校準於目標。我會先概略檢視我最重要的三項一年期和五年期目標、重要的季目標，以及我當週和當月的首要目標。接著，是「校準之約」時段最重要的部分：我會檢視或訂定三項當天最有價值的優先要務（Most Valuable Priorities, MVPs），並且思考：「如果我今天只做三件事，哪些行動能夠產生最大效益，幫助我邁向重要目標？」做完這些事之後，我才會打開電子信箱，發送任務給我的團隊，交辦當天要做的事。然後，我會關閉電子信箱，開始做我的 MVPs。

　　完成這段例程之後一整天的時間，可能會以千萬種面貌展開。只要我完成早晨例程，我必須實踐的大多數重要紀律都已經做到。我把基礎打好、做好準備，我的表現水準將遠遠高於無規律展開的一天，或甚至更糟的是，以壞習慣展開的一天。

睡覺前

　　每天晚上，我都會「結清」一下。這是我年輕時當服務生學到的，在餐廳工作時，每天下班前，我們都必須結清，把隨手放在口袋裡的收據、信用卡簽單和現金全部交出來，所有帳目都得對得上，要不然麻煩就大了。

　　這件事很重要：結清你今天的表現，把你實際的表現拿出來和計畫相比，結果如何？什麼事必須展延到明天的計畫？根據今天的情況來看，你需要增加什麼？什麼事已經不再重要，必須去除？此外，我喜歡把我當天獲得的新點子、頓悟或洞察心得，記錄在我的日誌本上。就是這樣，我累積了四十多本日誌，裡頭滿滿都是很棒的點子、洞察心得

與策略。

最後，我喜歡在睡前閱讀至少十頁勵志書籍。我知道，人的大腦會繼續處理睡前接收到的最後資訊，我想要我的注意力聚焦在有建設性、有助於推進目標與抱負的東西。我在睡前做的，大概就是這些了。一整天可能會發生很多亂七八糟的事，但因為我在早上和晚上做了控管，我知道我每天總是能有好的開始和結束。

偶爾要改變一下

我偶爾會對我的例程做出中斷干預，否則生活會變得了無新意，我會陷入停滯。重訓就是一個例子，我每週在同一時間做相同重訓，過了一段時日，我的身體不再出現複利效應的成果，我感到枯燥乏味，失去熱情，大魔也不再出現。面對停滯，你應該偶爾來點改變，用新的方式挑戰自己，更新一下你的體驗。

我現在致力於為生活增添更多冒險，我會設定每週、每月、每年的目標，做一些我通常不會做的

事。這些大多不是什麼重大的事，可能只是吃吃看不同的食物、上上某些課程、去一個我沒有去過的地方，或是加入俱樂部去認識新的人等。這些生活小變化帶給我新鮮感，使我重拾熱情，也為我提供機會獲得新觀點。

　　看看你的例程，若曾經為你注入能量的行動，已經變得老掉牙，不再產生好效果了，不妨來點變化吧！

掌握節律，找到大腦新溝槽

　　一旦你的日常紀律變成例程，你應該設法讓一連串的步驟產生節律。當你的日常紀律和行動，變成固定的每週、每月、每季及每年節律，就好像在你家門口放了一張歡迎地墊，隨時準備好迎接大魔。

　　這就像蒸汽火車頭的車輪，靜止時，只要一根一英寸的木樁放在前輪前方，就可以讓它繼續靜止不動。要讓活塞動起來，帶動輪子前進，就要有巨量的蒸汽，這是一項緩慢的過程。一旦火車輪子開始向前滾動，就進入節律。若動力不變，火車獲

得動能，那就得注意了！在時速 55 英里下，這列
火車能夠撞毀一道五英尺的鋼筋混凝土牆，還能夠
繼續往前開呢！想像一下，你的成功就像一具擋不
住的火車頭，這或許有助你維持熱情，進入自己的
節律。

　　除了我的日常節律，我也會提前規劃未來。舉
例來說，我再次檢視了我想在婚姻中加深愛與親密
的這項目標，設計出一份每週、每月和每季的節律
時程表。聽起來好像不大浪漫？我知道。但你應該

圖表 4.2

當你的紀律和行動發展出節律，很快就會迎來大魔。

注意到，即使某件事對你而言是高優先要務，若沒有安排在行事曆上，這件事往往不會發生，對吧？更別提要保持經常性，它才會進入節律狀態了。

我的時程表規劃是這樣的：每週五晚上，是我和喬芝雅的「約會夜」，我們會外出，或是一起做點特別的事。每週五傍晚六點，我們倆的 iPhone 鬧鐘響起，不論手頭正在做什麼，都得放下，因為約會夜開始了！每週六是我們的「家庭日」，這表示不能工作。基本上，從週五日落後，一直到週日日出，是我們完全奉獻給婚姻和家庭的時間。若不建立這些分界，你往往會不知不覺地，一天接著一天過下去；很不幸，那些被我們冷落在一旁的，往往是我們最重要的人。

每週六傍晚六點，我們會進行兩人的「關係檢討」，這是我為 2009 年 10 月號《成功》雜誌音頻系列，訪談關係專家琳達與理查德・艾爾（Linda and Richard Eyre）時學到的方法。在這個時間，我們會討論過去一週我們關係中好的地方、不好的地方，以及我們必須做的一些小調整。談話一開始，

我們會告訴彼此，過去一週我們激賞對方的幾件事；用美好的事來展開談話，比較有幫助。

　　然後，我們會用我訪談《心靈雞湯》合著作者傑克‧坎菲爾（Jack Canfield）時學到的一個方法，詢問彼此：「用 1 到 10 分來評量（10 分最佳），你／妳對我們這週的關係打幾分？」這引領我們討論過去一週關係中的好與壞——天哪，真刺激！接著，我們用這個問題，討論我們必須做出的小調整：「要怎麼做，才能使你的感受變成 10 分？」整個討論結束時，我們都覺得自己的心聲獲得聆聽、確認，在新的一週開始前，我們已經講清楚彼此的觀察和希望，這是個很棒的方法，我強烈推薦……如果你敢嘗試的話。

　　喬芝雅和我也安排每個月做一些獨特、令人難忘的事。隆恩教導我，生活其實就是許多體驗的集合；我們的目標，應該是提高美好體驗的頻率與強度。所以，我們每個月嘗試做一些能夠創造強烈難忘體驗的事，例如開車上山，來一趟大膽、冒險的健行；一路開到洛杉磯，去吃一間新開的高級餐

廳;去海灣航帆等。總之,就是一些不尋常,可以提供強烈體驗、創造難忘回憶的事。

每一季,我們會規劃一趟兩到三天的旅遊。我喜歡對我所有的目標和生活型態進行季檢討,這個每季出遊是更深入檢視我們關係的大好時機。此外,我們還有特別的旅遊假期、節日傳統,以及新年健行和訂定目標的慣例。有了這些每週、每月、每季和每年的安排,就不再需要思考你需要做什麼,一切自然發生,我們已經建立節律,讓關係親密地維持下去。

記錄你的節律

我想分享我建立的一個方法,這個方法幫助我追蹤記錄新行為的節律,我稱為「節律記錄量表」。我想,你應該也會覺得很有幫助。

生活其實就是許多體驗的集合;
我們的目標,
應該是提高美好體驗的頻率與強度。

圖表 4.3

每週節律紀錄（範例）

行為／行動	一	二	三	四	五	六	日	達成	目標	淨值
多打三通電話	X			X	X			3	5	2
多做三場簡報		X		X				2	3	1
30 分鐘有氧運動		X			X			2	3	1
重訓	X	X		X				3	3	☺
閱讀一本好書 10 頁	X	X		X	X			4	5	1
聽 30 分鐘優質音頻	X	X	X			X		4	5	1
喝 5 公升的水		X	X	X		X	X	5	7	2
吃健康早餐	X	X		X		X		4	7	3
專注陪孩子相處	X			X		X		3	4	1
和伴侶約會					X			1	1	☺
祈禱／冥想時間		X	X				X	3	5	2
寫日誌	X		X		X	X	X	5	5	☺
							總計	39	53	14

信守承諾就是言行一致，做到你說要做的事，
即便在你說這話、過了當時情緒很久以後，你依然堅持下去。

日期：＿＿＿＿年＿＿＿＿月＿＿＿＿日～＿＿＿＿年＿＿＿＿月＿＿＿＿日

如果你想每天喝更多水、走更多路，更深情地感謝另一半的付出……不論你決定採取什麼行動來達成目標，都應該追蹤記錄一下，確定自己建立節律。

☑ 請使用書末附錄的「每週節律記錄量表」，建立對你有益的節律。

生活的節律，可長可久是關鍵

人們在展開一項新企圖之初，往往總是操之過急。當然，我希望你對建立追求成功的節律感到興奮，但你必須找到一種適合自己、可長可久的執行方案，這樣才能夠堅定、積極、長期地做下去。我不要你思考這週、這個月或接下來九十天能夠做的節律，我要你思考你這輩子都可以做到的節律。複利效應的正面效益，來自你長期所做的聰明抉擇。只要你能夠日復一日採取正確行動，你就成功了。若是你操之過急，一下子做太多，讓自己負荷不來，就注定失敗。

我《成功》雜誌團隊的一位前同事（此處更名

處理，以保護隱私），看到我張貼在推特上一張他的照片，決定要鍛鍊身材。為了做到這件事，他的生活型態必須做出巨大改變。他的工作有時一天一坐就是十二小時，而且其實他很討厭運動。他自己也坦承，過去他會想方設法避開某些餐點，也會刻意避開蹲下、彎腰拿檔案的這些動作，他就是討厭身體活動到這種地步。儘管如此，他還是決心鍛鍊身材。

所以，他加入健身房，請了一位個人教練，每天練兩個小時，每週練個五天。我跟他說：「理查，這樣是錯的，你會無法保持承諾，最後會停止。你這樣，是讓自己注定失敗。」他當然不認同，向我保證他一定會永久改變，就連他的教練也建議他這麼密集鍛鍊。「我下定決心，我想看到六塊肌，」他告訴我。

你必須找到一種適合自己、
可長可久的執行方案，
這樣才能夠堅定、積極、長期地做下去。

　　我說：「理查，你的真正目標是什麼？」我知道，他當然不是想成為《男性健身》（Men's Fitness）雜誌的封面人物。

　　他答：「我想要線條好看一點，我想要變得健康。」「為什麼？」我問。「我想要變得有活力，活得夠久能夠看到我的孫子，」他說。這才是他真正的動機，有意義的動機。為此，他需要長期抗戰，因為他不是為了在夏季秀身材，是為了長期健康。

　　我說：「OK，你已經說服我了。但是，你操之過急，不出兩、三個月，你就會說：『我今天沒有兩個小時可以運動，所以就沒練了。』而且，可以預期，這種情況很可能一再發生，結果你每週運動五天，就會變成兩三天。你會感到灰心，很快就會停擺。我知道，你現在鬥志高昂。不然，我們這麼做吧？你現在就每天鍛鍊兩個小時，每週練個五天，維持一段時間（這就像用大量蒸汽讓輪子擺脫慣性，動起來），但是別超過六十天或九十天。然後，請你把訓練強度降到一天一個小時，或是一個小時又十五分鐘。你每週還是可以練個五天，但我

會鼓勵你減為四天，這麼做上六十到九十天。接下來，請你考慮一天練一個小時，每週練至少三天。若你感覺精神特別好，就練四天。我希望你之後就採用這個運動方案，若你不進入一個你能夠維持下去的方案，最後很可能就會乾脆完全停擺。」

　　當時，我花了好大一番功夫，才讓理查了解這點。他真的非常起勁，認為自己一定可以堅持新例程。想想看，一個從來不運動的人，馬上就開始每天鍛鍊兩個小時，每週練上五天？絕對是失敗收場。你必須建立一個方案，可以持續做上五十年，不是只能撐個五週、五個月。你很想要一段時間強度高一點，沒問題，但你必須學會讓自己看到隧道盡頭的光，適當降低強度，以便能夠長久做下去。你一週很容易抓出四十五分鐘或一個小時的空檔，但要你每週五天、天天找到兩個小時的空檔來實踐例程，難度太高了，永久持續的可能性比較低。切記，持之以恆是成功的關鍵。

持之以恆的力量

　　前文提過，若要說出一項帶給我競爭優勢的紀律，必然是我持之以恆的能力。最快、最能夠送走大魔的，莫過於欠缺恆毅力。縱使再優秀、再有熱情、抱負、意圖良好的人，也很可能無法持之以恆。但是，持之以恆是你可以用來達成目標的強大工具。

　　這麼想吧！你我都從洛杉磯搭機前往曼哈頓，但你的班機在這兩地之間的每一州都停，我搭的是直航班機。縱使你的班機時速五百英里，我的時速兩百英里，我還是會遠遠比你早到曼哈頓，因為你搭的班機一再停止、重新起飛，為了回復動能，需要花費的時間和能源，至少是我的班機的十倍。

　　事實上，你很可能根本到不了目的地，因為你半途就會耗盡燃料——你的精力、動機、信念、意志力等。一次起飛後，全程保持一貫速度（縱使比較慢），也遠遠更加容易，需要的心神精力也少得多。

深井幫浦

當你開始想要懈怠你的例程和節律時，請考慮不持之以恆的損失。那不只影響到一次行動，以及它導致的小結果，它會影響到整個動能，造成系統崩潰，讓整個進展都受到傷害。

以手壓泵深井為例，那是用管子把地下幾英尺深的水抽上來。為了把水抽上來，你必須壓動幫浦的操縱手把打氣，以產生吸力，把水吸上來。

絕大多數的人在展開新行動時，就像一把握住把手使勁地壓，就跟計畫鍛鍊身材的理查一樣，非

圖表 4.4

持之以恆是達到與維持動能的關鍵。

常興奮、十分投入。他們會一直打氣、打氣、打氣，過了幾分鐘（幾週）後，如果沒有看到水（成果），很可能就會完全放棄。他們不知道要多久才能形成真空，把水吸進水管，最後噴到桶子裡。這就像旋轉木馬、發射火箭或蒸汽引擎打破慣性一樣，需要時間、巨大的能量和一致性，才能夠把水抽上來。大多數的人半途而廢，聰明的人則繼續打氣。

那些堅持下去的人，最後開始得到幾滴水。此時，很多人可能會覺得：「不會吧！那麼久才幾滴？乾脆算了。」很多人就真的雙手一攤，放棄了，但聰明的人會堅持下去。

神奇的事正要發生。若你堅持下去，用不了多久，水流就會開始充沛、穩定，你就成功了！當水流開始順暢，你就不用像之前那麼用力或快速打氣了。整件事會變得容易許多，為了保持穩定的動力，你只要維持行動就行了，這就是複利效應。

大多數的人半途而廢，聰明的人則繼續打氣。

　　若你的手離開把手過久呢，會怎麼樣？水流會降回地下，你得回到原點。此時，如果你輕鬆、徐緩地打氣，水也不會很快上來，因為大魔走了。水回到地底，若你想再把水抽上來，就必須從頭用力。看到這裡，你可能會覺得這個例子很簡單，誰不懂？但絕大多數人的生活就是這樣，一陣又一陣，一直重新開始。

　　新事業好不容易開始運轉，然後中斷去渡假。努力開始了一項例程，一天打電話給十個潛在客戶，終於淘了點金，又回到以往的淡然。或者，興高采烈和另一半展開「約會夜」，幾週後，又回到窩在沙發上吃微波爐爆米花、看網飛（Netflix）影集的週五夜晚。我經常看到人們買了新書，報名參加新課程或研討會，興致勃勃地做了幾週、幾個月，然後就停了，回到原點（是否覺得這聽起來有點耳熟？）

　　任何事情只要中斷個幾週，無論是上健身房、向另一半展現深情，或是打電話給潛在客戶，損失的都不只會是這幾週的成效。要是損失的只有這些

（大多數人都這麼以為），就不會有太大傷害。你必須考慮的是，就算只是懈怠了一小段時間，你都可能送走大魔。要是它走了，就是場悲劇。

　　賽跑要贏，取決於步調。請向烏龜學習，持之以恆落實有益習慣與行為的人，經過足夠時間，將在任何競爭中擊敗幾乎任何人。持之以恆，能夠讓你保持動能，而且是一直保持。

　　做出正確選擇，堅持正確行為，落實理想習慣，持之以恆維持動能，著實知易行難。在這個一直變動、充滿挑戰、數十億人高度連結的世界中，尤其如此。影響的因素實在太多了，下一章的主題就是影響力，我們一起來看看哪些因素會阻礙或幫助你成功，而且絕大多數是在不知不覺中產生影響。影響力無所不在，十分具有說服力，而且效果持久。請學習善用它們，否則你可能會因為它們而走向失敗，且聽我娓娓道來……。

你可以這樣運用複利效應

> ↗ 建立你的早晚控管例程,為生活設計出一
> 個可預測、你幾乎一定做得到的世界級例
> 程行事曆。
>
> ↗ 列出三個你不夠持之以恆的生活領域。到
> 目前為止,你的這種欠缺持之以恆,對生
> 活造成了什麼損失?寫一份宣言,宣布你
> 將持之以恆信守新承諾。
>
> ↗ 在「每週節律記錄量表」上,寫下至少六
> 項和你的新目標有關的重要行為。這些行
> 為應該能夠幫助你建立節律,最終創造動
> 能,迎來大魔。

第 5 章

影響力

　　希望你現在已經確實了解你的選擇有多麼重要，縱使是那些看似無足輕重的小選擇，經過複利效應，很可能對你的人生產生極大的影響。第 2 章也討論過，事實上，你應該為你的選擇和行動，負起 100％的責任。話雖如此，你也必須了解到，你的選擇、行為和習慣，受到強大外力的影響。

　　絕大多數的人並未察覺這些外力對我們生活的隱密操縱，若你想要維持在邁向目標的正軌上，就必須了解、掌控這些影響力，讓它們化為助力、支

持你成功，而非導致你偏離正軌。每個人都受到三
種影響力的作用：1.）輸入（你餵養頭腦的東西）；
2.）交往對象（你往來相處的人）；3.）環境（你
的周遭）。

1.）輸入：垃圾進，垃圾出

若你希望身體有高效能的運作表現，就必須謹
慎攝取優質營養，避開誘人的垃圾食物。若你希望
頭腦有高效能的運作表現，就必須謹慎你餵養什麼
東西給自己的心智——是新聞摘要，還是令人腦麻
的情境喜劇？你閱讀的是一些羶色腥的小報，還是
報導成功人物與世界最新趨勢的優質雜誌？控管你
輸入大腦的事物，對你的生產力和成果有直接、重
大的影響。

不過，這件事特別困難，因為我們大腦吸收的
東西，有太多是在不知不覺中吸收的。雖然我們也
很容易餵食自己一些不營養的食物，但注意自己輸
入身體什麼食物比較容易做到，因為食物並不會自
動跳進嘴巴裡。反觀，要防止大腦吸收不相干、會

引起反效果或非常有害的東西，需要格外的警覺；選擇性吸收資訊，防止吸收任何有礙你發揮創造力潛能的資訊，是一場永無止境的戰役。

　　你的頭腦並不是為了使你快樂而設計的，它只有一項重要議程──求生存，所以總是留意「匱乏與攻擊」的訊號，會主動搜尋一些負面事物，例如逐漸缺乏的資源、惡劣天氣，以及任何可能對你造成危害的東西。因此，當你在上班途中打開電台，被有關搶劫、火災、攻擊、經濟衰退等各種報導轟炸，你的大腦便活躍起來，這下它整天將咀嚼這些害怕、憂慮與消極組成的盛筵。下班後，晚間新聞又來了，想要更多的壞消息嗎？沒問題，你的大腦將整晚燜煮那些壞消息。

　　如果你放任不管，你的大腦將日夜吸收咀嚼那些消極、令人煩惱與害怕的事物。我們無法改變我們的 DNA，但我們能夠改變我們的行為，教我們的大腦去看「匱乏與攻擊」以外的東西，怎麼做呢？我們可以主動防護，餵食有益養分給大腦；我們可以有紀律、主動、積極掌控要讓什麼東西進入

我們的大腦。

✓ 請使用書末附錄的「輸入影響力量表」，了解什麼樣的資訊和環境正在影響你。

別餵大腦喝髒水

你的生活是你自己創造的。你的期望影響了整個創造過程，你有哪些期望？你的期望，就是你想的東西。你的思考過程，也就是你在腦裡的談話，是你在人生中創造成果的基石。所以，問題是：你在想些什麼？哪些事物正在影響、支配你的思想？答案是：你讓自己去聽和看的任何東西，就是你輸

圖表 5.1

用正面、具激勵性、鼓舞人心的思想（純淨之水），沖掉負面思想（髒水）。

入給大腦的內容。

　　你的大腦就像只空杯子，可以裝入你放進去的任何東西。如果你放入聳動的新聞、色情八卦、談話性節目的誇誇其談，那就是往杯子裡倒入髒水。若你在這只杯子裡裝進了黑暗、陰鬱、憂煩之水，你創造的每樣東西，都會濾經這杯混濁之水，因為那就是你腦子裡在想的。

　　垃圾進，垃圾出。開車途中，電台播報的那些凶殺、陰謀、死亡、經濟、政治鬥爭新聞，左右了你的思考過程。你的思考過程左右了你的期望，期望左右了你的創造產出，這是壞消息。不過，就如同一只髒杯子，若你在水龍頭下用乾淨、清澄的水沖洗得夠久，最後就能產生一杯純淨之水。

　　什麼是純淨之水？就是正面、具激勵性，能夠鼓舞人心的意見與思想，包括：儘管遭遇困難與挑戰，仍舊克服重重阻礙、成就偉大之事者的成功故事；成功、繁盛、健康、愛與快樂的策略；創造更多富足、成長、開拓性與成就的點子；傳揚世間良善、正確與各種可能性的例子和故事。這也是我們

《成功》雜誌團隊努力的目標，我們想要提供那些例子和故事，以及可以幫助你用來改善世界觀、你自己，以及你創造的成果的重要思想與訣竅。

這就是我每天早晚閱讀 30 分鐘勵志與教育性內容，並在開車途中播放個人成長音頻的原因；我在沖洗我的杯子，餵養我的大腦。這麼做帶給我一些優勢，勝過那些起床後先閱讀報紙、在上下班通勤途中聽新聞、睡前看晚間新聞的傢伙。沒錯！你也可以這麼做。

首要步驟：保持警戒

除非你決定穴居或移居荒島，否則你的杯子（大腦），一定會裝入髒水。很簡單，當你行走於機場時，一定會去看廣告看板或 CNN 新聞；當你在超市排隊結帳時，總是會忍不住看譁眾取寵的八卦標題；就連你的親友和你自己的負面思想，也會往你的杯子裡倒髒水。

但是，這不代表你不能採取行動，減少自己接觸一切髒汙。或許，你無法避開結帳櫃台旁那堆小

報或八卦雜誌，但是你可以主動取消訂閱。在你上
下班的途中，你可以選擇不聽電台，改聽一些勵
志、教育性的音頻內容。而且，你總是可以關掉晚
間新聞，和心愛的人好好交談。你也可以使用數位
錄影功能，只錄你覺得真正具有教育作用、啟發人
向上的節目內容，濾掉要你多買一些垃圾的廣告。

　　我在成長過程中很少看電視，但我記得看過美
國熱門音樂節目《勁歌金曲》（ *Solid Gold* ）和電視
影集《天龍特攻隊》（ *The A-Team* ）（你也許聽過？），
但電視在我們的家庭生活中向來沒什麼分量。不看
電視對我沒啥影響，而且這麼一來，我現在偶爾看
電視時，觀點更加清楚。當然，我在看情境喜劇
時，也會跟著哈哈大笑，但是看完之後，我感覺好
像吃了心靈速食，腹脹又不營養。我受不了電視廣
告玩弄我們的心理，操縱我們的恐懼、痛苦、需求
及各種弱點。如果我在生活中，一直想著自己現況
不足，需要買這個、買那個來填補自己，又如何能
夠期待創造出好的成果呢？

　　據估，12 歲以上的美國人，每年平均花 1,704

個小時看電視，這相當於每天平均看 4.7 個小時的
電視。換算一下，我們把醒著的時間將近 30％花
在看電視上，每週看電視將近 33 個小時，相當於
每週有超過一整天的時間都在看電視，一年十二個
月有整整兩個月花在看電視上！哇！很多人還納悶
自己為什麼不進步、無法成功呢！

進行媒體節食

　　媒體昌盛，靠的是綁架我們。你可曾塞在車陣
綿延幾英里的公路上，導致你遲到了，你納悶到底
是什麼導致堵塞呀？果不其然，當你終於靠近時，
你發現並沒有什麼東西堵住車流，車禍顯然發生在
好一段時間之前，事故殘骸早已被移到路旁，時速
5 公里的車陣，是人們好奇觀望所導致的！這下
子，你可氣惱極了。但是，當你的車子行經事故發
生地點時呢？你也是減緩車速，望向前方路邊，伸
長你的脖子！

　　為何善良、正派的人們，想看不幸和怪異的
事？這是我們的天性，源於史前人類的自衛感，我

們就是會忍不住。縱使我們已經善於避免消極事物，訓練自己保持樂觀，但是碰上感官刺激的東西，我們的天性仍然難以抗拒。

媒體高手了解這點，他們知道你的天性，在很多方面，他們比你更了解你自己。媒體總是喜歡使用震撼、聳動的標題來吸引大眾的注意力，現在不是只有三大電視台和新聞網絡，而是有幾百個頻道，天天二十四小時播送。現在也不是只有幾種報紙，而是有無數的入口網站，透過電腦和手機觸及我們。無數媒體競相吸引我們的注意力，這場戰爭血腥、激烈的程度，前所未見。

媒體操作者不斷砸下驚人賭注，每天尋找十幾件全球各地最邪惡、醜陋、可恥、凶殘、陰鬱、恐怖的事件，透過報紙、新聞頻道和網路重複播送。在同樣的二十四小時內，也有無數美好、奇妙、棒透了的事情正在發生，但我們很少聽聞。在尋找負面事物的天性下，我們創造出愈來愈多的需求，正面的新聞報導哪裡有希望可以和那些收視率和廣告收入競爭呢？

回到那條公路上，假設路旁不是車禍事故的殘骸，而是你這輩子見過最美、最令人驚歎的日落呢？交通狀況會是什麼模樣？喔，我見過這種情況很多次，路上的車輛大多是高速奔馳著。

媒體的最大危害是，它帶給我們很扭曲的世界觀。由於聚焦、重複傳播負面事物，我們的腦袋也就開始相信這些東西。這種扭曲、狹隘的負面觀點，將會嚴重影響到你發揮創造力潛能，傷害可能很大。

如何過濾垃圾資訊？

接下來，我要分享我如何為我的心智建立防衛。先警告你，我有嚴格的心智飲食，你可能需要根據自己的喜好，對這些方法做一點調整，但這些方法對我非常有幫助。

你大概已經猜想到了，我不看、不聽任何新

媒體的最大危害是，它帶給我們很扭曲的世界觀。

聞，也不閱讀任何報紙或新聞雜誌，反正 99％的新聞跟我的個人生活或個人目標、夢想與抱負都無關。不過，我設定了幾個 RSS，關注跟我的直接興趣和目標有關的新聞和產業消息。這麼做的好處是：對我有益的新聞被擷取出來，無價值的汙泥不會直接進到我的水杯裡。當大多數的人在不相干、沒益處、妨礙思考、傷害精神的垃圾堆裡跋涉幾小時之際，我在我需要的時候獲得最有益的資訊，而且一天花不到 15 分鐘的時間。

　　但光是過濾負面輸入還不夠，為了朝向正確的方向前進，你必須沖掉有害的事物，填入有益的事物。我的汽車一定要有兩樣東西才會上路：汽油和我車上必放的教育性音頻。美國人平均一年開車約 12,000 英里，相當於 300 個小時！布萊恩・崔西教我把我的車子變成一間行動教室的概念，他說若我開車時聆聽教育性質的內容，每年大約可以獲得相當於一個大學進階學位兩學期的知識。

　　所以，你真的可以考慮，把你現在通勤時浪費在聽電台的時間，拿來聽一些關於領導力、銷售、

成功、建立財富、改善人際關係等,任何你選擇的優質音頻內容,增加你的學識素養。這項行動,結合你的閱讀例程,將以一次一段內容,或一次一本書的速度累積起來,使你從平庸之眾脫穎而出。

2.) 交往對象:誰影響你最多?

物以類聚,人以群分,你習慣往來的人,被稱為你的「參照群體」(reference group)。根據已故哈佛大學社會心理學家大衛・麥克利蘭(David McClelland)的研究,你的「參照群體」左右你人生的成敗高達 95%。

你和誰在一起的時間最多?你最欽佩的人是誰?這兩群人是否正好相同?若否,為什麼?我的導師隆恩說,我們是我們最常相處的那五個人的平均;他說,看我們交往相處的人,就可以知道我們的健康、態度及所得水準。

我們是我們最常相處的那五個人的平均。

　　我們交往相處的人，決定什麼樣的談話吸引我們的注意力，以及經常接觸什麼樣的態度和意見。最後，我們開始吃他們吃的東西，言談變得像他們，閱讀他們閱讀的東西，思維變得像他們，觀看他們觀看的東西，待人處事變得像他們，甚至就連穿著，也變得和他們類似。有趣的是，我們往往完全未能察覺我們和最親近的五人圈子之間的相似性。

　　為何我們未能察覺？因為你交往相處的那些人，並不是大力地把你推往一個方向，而是在長時間裡輕輕推著你。他們的影響非常微妙難察，就好像你乘著輪胎內胎漂流於海上，感覺你在原地漂浮著，直到你抬頭仔細看，才發現和緩的水流已經把你推到半英里外。

　　想想看，你那些固定會在晚餐點些油膩開胃菜和酒品的朋友，你和他們相處得夠久以後，就會發現自己也抓著起司玉米脆片和烤馬鈴薯皮來吃。同時，你也加入了他們的行列，會多喝一瓶啤酒或一杯葡萄酒。如果你有一些其他朋友會吃健康食物，談論自己最近閱讀了什麼勵志書籍，以及對事業的

抱負，你也會開始被他們的行為和習慣同化，閱讀、談論相近的事物，看他們喜歡的電影，造訪他們推薦的地方。朋友對你的影響是微妙難察的，可能是有益的影響，也可能是不良影響；不論何者，這些影響都非常大。當心了！若你和消極的朋友交往相處，就不能期望你會過上樂觀、積極的生活。

所以，你最常相處的那五個人，混合起來的平均所得、健康或態度是什麼？答案是否嚇到你了？若是的話，為了提高你具備你想望特質的可能性，最好的方法就是把你大部分的時間，拿來和已經具備那些特質的人相處。你會開始看到，影響力如何幫助你，而非阻礙你。那些幫助他們獲致你欽羨的成就的行為與態度，將會開始變成你日常作息的一部分；和他們相處得夠久，你的人生可能也會實現相似的成果。

如果你還沒有這麼做，請寫下你最常相處的五個人的姓名，也寫下他們的主要特質，正負面的特質都寫，別在意他們是誰，可能是你的另一半、兄弟姐妹、你的鄰居或你的助理。然後，把他們平均

一下，他們的平均健康水準和銀行存款餘額為何？
人際關係大致上如何？檢視你目前的這些境況，然
後自問：「這份清單 OK 嗎？這是我想要的境界
嗎？」

　　是時候重新評估、排序你花時間交往相處的人
了。這些人際關係可能幫助你，也可能妨害你、使
你停滯不前。既然你已經開始重新評估、考慮自己
和誰往來，讓我們再深入一點吧！隆恩教我一個很
有益的做法：評估你的人際往來對象，把他們分成
三類——1.）脫離關係；2.）有限交往；3.）擴大
交往。

☑ 請使用書末附錄的「人際關係評估量表」，了解你
花時間和什麼樣的人來往。

脫離關係

　　你會保護你的小孩不要受到不良影響，注意他
們和什麼樣的人往來，總是留意這些人可能對你的
小孩造成的影響，以及你的小孩可能因此做出的選

擇。我認為，這項原則也應該適用於你的身上！你已經知道，你可能必須徹底擺脫某些人，這也許不容易做到，但你必須做到。你必須做出困難的抉擇，別讓一些負面影響力再繼續影響你了。決定你想要的生活品質，讓你的周遭圍繞著能夠代表並支持這個願景的人。

我經常從我的生活中，剔除掉一些拒絕成長和不願意過正面、積極生活的人。結識與改變你的人際往來對象，是一個終身的過程。有些人可能會說，這樣太苛刻了！但我願意在這方面更加嚴苛。我曾經和我很喜歡的某個人有商業關係，當整體經濟變得困難時，他的談話大多聚焦於情況有多糟糕、他的公司受到多大衝擊、境況有多麼艱難等。我說：「老兄，你應該停止發表情況有多糟糕的言論了。我聽得出來，你在蒐集種種資料，強化你的觀點。」他仍然堅持把一切看得比實際狀況更糟、更無望，我決定，我們沒必要再有生意往來了。

當你做出困難的決定，要和把你往下拉的人劃清界線時，請務必認清一點：他們將會和你爭論，

尤其是那些和你最親近的人。你的決定——過更正面、積極、目標導向的生活——將會反映出他們本身糟糕的選擇。你的決定會讓他們感到不舒服，他們會試圖把你拉回他們的較低水準。請記得一件事，他們的抗拒並不代表他們不愛你，或是見不得你好，他們的抗拒其實根本與你無關，而是他們對自身糟糕選擇和缺乏紀律感到害怕與不安。總之，你必須知道，脫離一段人際關係並不容易。

有限交往

　　有些人，你可以相處三個小時，但不能相處三天；有些人，你可以相處三分鐘，但不能相處三個小時。切記，人際往來對象的影響力大，微妙難察。和你走在一起的那個人，可以左右你放慢或加快腳步，你將無可避免受到長時間相處者的強勢態度、行動及行為的影響。

　　根據這些人和你相處的方式，你可以決定讓自己「承受」多少程度他們的影響。這件事挺難的，我知道，我有幾次也必須這麼做，甚至包括我親密

的家人。我絕對不會讓他人的行動或態度，對我產生有害的影響。

我有一個鄰居，是可以相處三分鐘的朋友，我們可以愉快閒聊三分鐘，但不會相處三個小時。我可以和一位高中老友共度三個小時，但他不是我能夠共處三天的傢伙。還有一些人，我可以共處幾天，但我不會和他們一起渡過很長的假期。花點時間檢視你的人際關係，做出評估，千萬別和你只能聊三分鐘的人相處三個小時。

擴大交往

前文談的是剔除掉對你造成負面影響的人際往來對象，在這麼做的同時，你也要有所擴展。找出在你想改進的生活領域中，具有正面特質的人，例如：財務和事業都成功、令你景仰的人；你想從他們身上學習教養技巧的人；擁有你渴望的那種人際關係品質的人；生活型態令你嚮往的人。設法花更多時間和他們來往，你可以加入這些人聚集的組織和商業或健康俱樂部，嘗試結交新的朋友。等一下

我會帶你看過一個小故事，我甚至曾經驅車前往別的城鎮，渡過有品質的時間，獲得意外收穫。

在本書，我經常談到吉姆・隆恩，因為除了我的父親，隆恩是我最重要的導師暨影響者，我跟他的關係完美例示了擴大交往。我曾經和他私下吃過幾次飯，也在訪談和其他活動的後臺，和他相處過一點時間；不過，我和他相處的大部分時間，是我在開車途中聽他的演講，或是在我家客廳閱讀他的著作。

迄今，我已經花了上千個小時獲得隆恩的直接教導，其中 99％是透過書籍和錄音。若你的導師把自己的最佳思想、故事與見解撰寫成書，或是錄製成 CD、DVD、播客、音頻，那麼不論你身在何處、在做什麼——無論是在家忙於照料小孩或年邁父母，或是和沒什麼共通點的人一起工作多個小時，或是住在離辦公室很遠的鄉間——你都可以受教於他／她，從中獲益無窮，請善加利用。

若你想要更好、更深入、更有意義的人際關係，請問自己：「誰擁有我想要的那種人際關係？

我如何能夠和這個人相處更多時間？誰能夠帶來我有益的影響？」找出這些人以後，讓他們感染、影響你吧！和你認為在你的領域中，最傑出、最棒、最成功的人結為朋友，他們都看什麼書？通常都到哪裡吃午餐？可以影響你哪些層面？你可以藉由加入人脈團體、國際演講協會及類似組織，找到這些可以擴大交往的對象。好好研究一下，你想學習的人，經常去什麼慈善組織、音樂會或俱樂部？

幫自己找個巔峰表現夥伴

為了增加你和擴大交往對象的接觸，還有一個方法就是去找一位巔峰表現夥伴，一個和你一樣致力於學習和個人成長的人。這個人必須是你信任的人，坦誠到會告訴你，他／她對你、你的態度和你的表現的真實想法。這個人可能是你的一位長期好友，也可能是對你不甚了解的人，重點在於你們對彼此提供及取得無偏見、誠實的第二觀點。

我目前的「當責夥伴」，是我的好友蘭登・泰勒（Landon Taylor）。我在第 3 章提過，每週五早

上 11 點整，我們會通 30 分鐘的電話，討論彼此過
去一週的成功、失敗、困境、頓悟，以及我們目前
在自己的成長計畫中的境況。知道週五要打這通電
話，必須向蘭登說明這一週來的表現，讓我一整週
都格外努力。

　　我也會把蘭登做得不好的地方，或是需要提供
給他的反饋寫下來，確定自己在下週通電話時詢問
他。他會做同樣的事，我們用這種方式向彼此當
責。他可能會說：「好，你上週這個部分沒有做
好，你也承認，並且承諾改變。本週你做得如何
呀？」生活就是生活，日子依然得過。我們兩個都
是忙碌的高階主管，但令我驚奇的是，我們每週都
確實這麼做到，沒有落掉一次。

　　這可不容易，有時我整天忙碌，突然間會想
起：「啊！討厭，我得做這件事！」可是，到了週
五通電話時，我經常心想：「真高興我們進行這種
談話！」即使只是在為通話做準備，思考我這一週
的重大成敗，我對自己也有了更多了解。可能這週
五我會告訴蘭登：「你知道嗎？我現在在忙好多

事。我在寫一本書，有很多認知、很多頓悟，但沒有一件是真正打動人心的。」蘭登說：「所以，你今天沒有提出新的體悟，這是最後一次了，下不為例。」我頓時語塞，「別騙我了，」他說。我受教了。其實，我是在欺騙自己沒錯，我沒去留意一件重要到值得分享的事。

如果你願意的話，我在此提供你一項嚴肅的挑戰。你想要獲得誠實的反饋嗎？找到足夠關心你、願意對你完全誠實的人，問他們這些問題：「你覺得我是個怎樣的人？你認為我有什麼長處？哪些地方可以改進？你覺得，我在哪些領域妨害自己？請告訴我，我可以停止做哪一件事，這樣對我最有助益？請告訴我一件我應該開始做的事。」

尋找導師

保羅・J・梅伊爾是我的另一位導師，他在2009年辭世，享壽八十一。每當我認為我正在做大事、有高水準的表現時，我總是找上保羅，他是我的事實檢驗對象。他在短時間內達到的成就，真

是令我難以置信。我和他相處過很多時間，他買下我一間公司，我為他一間公司扭轉頹勢。在我的人生中，他是一個很強大的精神表率。

　　每次和保羅相處幾個小時，聽他講述他的計畫、事業和活動之後，我總是頭昏腦脹，光是試圖理解他正在做的所有事情，就已經累壞我了。每次和他談完，我就想打個盹！但是，我和他的交往提高了我的境界，他的行走速度是我的跑步速度，這拓展了我對於自己能夠玩多大、能夠懷抱多宏大雄心的視界。你必須和這種人來往！

　　你絕對不可能優秀到沒有導師可以指導你，暢銷書作家暨著名商業演講人哈維・麥凱（Harvey Mackay）在接受我訪談時，告訴我：「信不信由你，我有二十名教練。我有一位演講教練、一位寫

　　　　　他的行走速度是我的跑步速度，
　　　　這拓展了我對於自己能夠玩多大、
　　　　　能夠懷抱多宏大雄心的視界。
　　　　　　你必須和這種人來往！

作教練、一位幽默教練、一位語言教練……。」我發現，最成功的人、最頂尖的卓越人士，都願意花錢聘請最優秀的教練和訓練專家。為了改善你的表現而做出投資，回報十分值得。

尋找導師，與你的導師保持往來，未必是一段不可知或令人生畏的過程。我訪問過「一分鐘管理大師」、暢銷書作者暨國際知名顧問肯·布蘭查（Ken Blanchard），他這麼解釋和導師往來的單純性：「關於和導師互動，你應該記住的第一件事就是，你不需要占用他們很多時間。我曾經獲得的最佳忠告，是在很簡潔的互動中獲得的。和某人共進午餐或早餐，告訴他們我正在做什麼，詢問他們的看法，這樣就行了。你會很驚訝發現，只要不必占用很多時間，很多成功的企業人士，都很願意當人們的導師。」

美國傳奇籃球教練約翰·伍登（John Wooden）也支持了這項論點，表示很多人其實都渴望成為別人的導師：「指導，才能夠真正傳承。這是你能夠留給其他人的最棒贈與，應該永不停止。所以，你

每天起床，去教導，也被教導。」他繼續說明，指導是雙向的：「一個人必須敞開心胸，才能夠接受他人指導。願意讓我們的生活和心智，被周遭的人觸碰、形塑與強化，是我們的責任。」

組織你的個人顧問群

我計畫讓自己變得更明智、更有策略、表現得更有成效，並且拓展我和思想崇高領袖之間的互動與關係，所以我在我的個人生活中，組織了一個個人顧問委員會。

我精心挑選了十二個人，挑選標準是他們的專長領域、創意思考的能力，以及我對他們的高度崇敬。我每週會聯絡他們其中幾位，徵詢他們的意見，請他們聽聽看我的想法，提供反饋與建議。我可以告訴你，開始了這個做法之後，我的收穫豐碩，遠遠超出我的預期！你會訝於發現，當你展現出真摯的興趣時，天才人士非常願意和你分享他們的見解。

如果你有一個個人顧問群，你會找誰加入呢？

請尋找已經在特定領域獲得成功，你也想在自己的生活中創造這種成功的人。牢記這句格言：「絕對別向你不想和他互換立場的人尋求忠告。」

3.）環境：改變你的視野，改變你的觀點

我在舊金山東灣從事房地產工作時，在一個很有限的人口結構環境中生活和工作，我一再看到同類的人用相同方式度日。我知道，我必須找一個層次較高的交往圈子，才能邁向我想要的境界。

於是，我開車越過海灣，前往地球上最富裕、最美麗的社區之一──舊金山北方馬林郡的小鎮提布朗（Tiburon, Marin County）。若你去過歐洲的摩納哥，提布朗的風貌就像摩納哥，但比摩納哥更雅致一點，是個非常優美的景點。我到碼頭上的山姆餐廳（Sam's Anchor Cafe）品嚐海鮮，這間餐廳的食物很棒，但更重要的是，很多用餐者是該區較富有的居民。

我除了到山姆餐廳拓展我的人際圈子，也會坐在碼頭上眺望山坡。我被坐落於山崖的那些數百萬

美元的住宅給迷住了，其中一棟特別吸引我，那是一棟藍色四層樓的住宅，有一部電梯，屋頂上有一根頂端做成鯨魚形狀的避雷針。那時，我經常在想：「我理想的房子是什麼模樣？如果有人要送我這些房子的其中一棟，我會選擇哪一棟？」我的答案都一樣，選擇的是這棟漂亮的藍色住宅。它的方位很好，位置很理想，視野明亮，是那片房子中最棒的一棟。

　　某天早上，我外出吃完早午餐，在回家的路上，看到一幅房屋待售開放參觀的標示。我心想，去看看也不錯。我隨著一幅接著一幅的路線指示，沿著狹窄街道，蜿蜒山崖而上，最後來到山丘頂端，找到廣告出售的那棟房子。進入後，我走到一扇面向海灣的窗邊，整個美麗世界躍現在我的眼前——提布朗的半島頂端，天使島（Angel Island），整個舊金山市天際線綿延至金門大橋，全視野寬達300度。我走上陽台，環顧四周，赫然發現，這就是我多年來仰望的那棟房子！這就是那棟藍色房子！我當場就簽約了，我夢想中的房子，現在是我

的了！

　　我當然無法說清楚，我在山姆餐廳結識的誰改變了我的人生。但是，那個環境對我起了強大作用。看著坐落在山崖上的那棟房子，更加點燃了我的雄心抱負、擴大了我的夢想，激發我更努力達到我以往認為自己做不到的程度，追求實現那些夢想。結果，那些夢想真的實現了！

　　你心中的夢想，可能比你身處的環境還要大。有時，你必須走出那些環境，才能夠看見你的夢想實現。這就像在盆栽裡面種植橡樹苗，當根部滿盆時，樹苗的成長就會受到束縛，需要更大的空間，才能夠繼續成長，長成一棵壯碩的橡樹，你也是一樣。

　　我所說的「環境」，並非只是你生活的地方，我指的是你周遭的所有人事物。主動創造一個正

你心中的夢想，可能比你身處的環境還要大。
有時，你必須走出那些環境，
才能夠看見你的夢想實現。

面、有益的環境，以支持你成功，這意味的是清除你生活中所有的雜亂，不只是那些妨礙你更有生產力、更有效率工作的實體雜亂（雖然這也很重要），還有任何行不通的方法，會使你意志消沉、畏縮不前的心理混亂。

你生活中每一件未完成的事，都會對你造成心理負擔，削弱你追求更大成就的幹勁，就像吸血鬼偷吸你的血一般。每一項未實踐的承諾、志業和約定，都會消耗你的力量，因為它們阻塞了你的動能、抑制了你前進的能力。未完成的工作會不斷地把你召回去處理，想想看，你今天能夠完成哪些事？

在創造一個支持你的目標的環境時，別忘了，你在生活中容忍些什麼，就會把那些也招進你的生活中，而且在生活中的每個領域都是如此，尤其是你和家人、朋友、同事之間的關係。你決定容忍的這些東西，也會反映在你目前的境況上；換個方式來說，你接受並認為你值得什麼，你的生活就會招來這些事物。

若你容忍別人不尊重你，你很容易就會不受到

尊重。若你容忍別人遲到、讓你等候，他們就會遲到、讓你等候。若你容忍薪酬過低、工作過荷，這種情況就會持續下去。若你容忍自己體重過重，老是感到疲倦、病痛不斷，這種情況也會持續下去。

你為自己樹立什麼標準，你的生活就會成為那種水準。有些人認為，他們是他人行為的受害者；其實，我們可以控管他人如何對待我們。你應該維持好你的情緒、心理和身體的空間，讓自己可以平靜生活，而不是盲目接受這個世界丟給你的各種混亂和壓力。

若你想要養成持之以恆的規律例程，掌握好生活的節律，好讓大魔不僅造訪一次，而是常伴左右，你就必須確定你的環境歡迎並且支持你變成、做到及表現出世界級的水準。

談到世界級的水準，下一章將教你如何使用你

你為自己樹立什麼標準，
你的生活就會成為那種水準。
其實，我們可以控管他人如何對待我們。

到目前為止學到的所有東西，把成果加速。稍微巧
用一點力氣，就能獲致更大的成果，你可能會覺得
這聽起來有點像在作弊……像不公平的優勢；但
是，誰說人生是公平的呢？

你可以這樣運用複利效應

↗ 了解哪些媒體和資訊輸入，對你的生活造成影響。決定你必須不讓哪些東西注入，以保護你的杯子（頭腦），以及如何經常性地運用正面、積極、樂觀、激勵人心的事物，來沖洗你的杯子（頭腦）。你可以使用書末附錄的輸入影響力量表。

↗ 評估你現在的人際交往對象，你可能需要限制和誰往來？可能必須和誰脫離關係？想一下，你將如何與某些人擴大交往？你可以使用書末附錄的人際關係評估量表。

↗ 幫自己找位巔峰表現夥伴，決定你們在何時、如何定期向彼此當責什麼，以及你期望對方在你們每次談話中提供什麼見解。

↗ 找出三個你最想要改進的生活領域，針對每個領域，找一位導師幫你。你的導師可能是在你想要改進的這個領域中卓有成就

的人，你想和他們進行簡短交談；或者，他
們可能是聲譽卓著的專家，已經把點子和
想法寫成書或錄製成音頻。

第 6 章

加速

　　當我住在加州海濱社區拉荷亞（La Jolla）時，為了運動，並且考驗我的意志力，我經常騎自行車兩英里，直上索拉達山（Mount Soledad）。在你自發去做的事情當中，大概很少比中途不停歇騎自行車爬一座陡峭山坡更痛苦、艱難的了。到了「撞牆期」，你和自己真實的內在性格面對面，你對自己所有的看法與推測，在這一刻全被剝除，只剩下赤裸裸的真相。你的大腦開始創造出種種最方便的理由，告訴你沒關係，真的可以停下來。此時，你面

臨人生中最重要的疑問之一：你該忍受痛苦，繼續下去？還是像胡桃崩裂，就此放棄？

《成功》雜誌 2009 年 6 月號的封面人物是車神藍斯・阿姆斯壯，我還記得觀看他第一次贏得環法自由車賽（Le Tour de France）冠軍的情形。賽事進入艱難的山區賽段，其他車手沒把藍斯放在眼裡，因為在此之前，他並不是個著名的登山車手。進入第三個升坡山地的賽段，凍雨、霧及冰雹接連而至，藍斯和隊友分開了，他獨自對抗舉世頂尖的登山車手。

最後的升坡段，是十八英里直登義大利塞斯特雷鎮（Sestriere）。歷經五個半小時的登山之後，所有的參賽車手此時都已經很痛苦，必須向內求，搜尋內心最深處的毅力和自我定義——他們能夠堅持下去嗎？這是一場考驗，考驗誰最能夠熬過艱辛，找到力量，堅持下去——誰崩潰，誰沒有崩潰？

剩下最後五英里時，藍斯落後領先的車手群三十二秒；在騎自行車爬山時，三十二秒彷彿無止境地漫長。在一個彎道時，藍斯奮力向前衝，直到趕

上兩名領先的車手，他們都是著名的世界級登山好手。在費盡幾乎每一分精力之後，藍斯發動攻擊，超前領先的車手群好一段距離。

他在 2000 年出版的著作《重返豔陽下》（*It's Not About the Bike: My Journey Back to Life*）中提到：「當你拉開距離時，你的競爭對手卻沒有做出反應，這告訴你，他們正在痛苦當中。當他們很痛苦時，就是你擊敗他們的時候。」就算完全精疲力竭、呼吸困難，雙腿雙臂疲憊不堪，藍斯依然堅持奮力踩著踏板。一些車手試圖追趕，但沒人做到；他們沒有這樣的堅定信念。最後，藍斯衝破了終點線，高舉著拳頭，大家沒料到的這位車手贏了山區賽段，最後拿下環法自由車賽的冠軍。

在這一章，我想跟你談談那些重要的關鍵時刻，讓你知道複利效應可以如何幫助你突破，以超乎你想像的速度，讓你獲致更高水準的新成就。當你已經準備好，練習過、研究過，持之以恆做出必要努力，你遲早將會遇上你的關鍵時刻。此時，你將定義自己是誰，你會變成什麼樣的人。就是在這

些關鍵時刻，決定成長與進步能否實現──我們是否繼續前進，或是向後退縮；是登台奪得獎牌，還是繼續待在台下的人群中，為他人的勝利喝采？

在這最後一章，也會討論到你可以如何一直超越人們的期待，把你的好運複利翻滾更多倍。

致勝的關鍵時刻

藍斯在自傳中寫道：「每場比賽到了某個時間點，車手都會遇上真正的對手，那就是自己。我在自行車上最痛苦的時刻，也是我最好奇的時刻。每一次，我都會想，我會如何反應？我會發現自己最深處的軟肋？還是找到最深層的力量？」

我在房地產業工作時，一天要「撞牆」好幾次。可能我要開車去看一個過期物件，但是剛才才被一個潛在買方打臉，我就會開始想出種種理由，不打

你遲早會遇上你的關鍵時刻。
此時，你將定義自己是誰，
你會變成什麼樣的人。

電話給客戶，想要直接回去辦公室。可能我前去拜訪一個社區，被社區的狗狂吠，或是看起來好像快要下雨了。可能我在「黃金時段」（傍晚五點到晚上九點），突然打電話給潛在客戶，因為打擾到他們用餐或看電視的時間，所以被臭罵了一頓。

　　我知道，我必須暫停休息一下，去洗手間，或是喝杯水，但是我沒有就此放棄。每次遇到這種心理與情緒的撞牆期時，我總會告訴自己：我的競爭者也一定會遭遇同樣的挑戰。我知道，這只是另一個關鍵時刻，若我堅持下去，就能夠超越他們。這些是成功與進展的決定性時刻，當我只是和眾人跑在一起，和他們保持同步、並非超前他們時，困難、痛苦或挑戰性可能並不特別劇烈。關鍵並不在於撞牆期，而是撞牆之後，你會怎麼做？

　　著名的美式足球教練盧・霍茲（Lou Holtz）知道，在你盡了全力之後所做的事，才是創造勝利的關鍵。在一場比賽上半場結束時，他的球隊以 0：42 落後。中場休息時間，霍茲播放一段影片給他的球隊看，內容是二度努力嘗試去阻擋、擒抱、收

復掉球。接著,他告訴球員,他們能夠入選他的球隊,不是因為他們每次出賽都全力以赴,因為每支球隊的每個球員,在每次出賽時都會全力以赴。他說,他們能夠入選他的球隊,是因為他們有能力在每次比賽中,做出最關鍵的額外努力。就是在你盡了全力之後所付出的這分額外努力,才是創造差異的關鍵力量。結果,他的球隊在下半場逆轉勝,最終贏了比賽。勝利,是這麼贏來的。

「永遠的拳王」穆罕默德‧阿里(Muhammad Ali),是史上最傑出的拳擊手之一,不僅是因為他的速度與敏捷,也因為他的戰術。1974 年 10 月 30 日,在薩伊(現在的剛果共和國)舉行的「叢林之戰」(Rumble in the Jungle),阿里以拳擊史上最著名的逆轉勝戰事之一,擊敗了喬治‧福爾曼(George Foreman),奪回重量級拳王的稱號。

賽前,幾乎沒人認為這位前拳王可能獲勝,就

就是在你盡了全力之後所付出的這分額外努力,
才是創造差異的關鍵力量。

連阿里的長期支持者霍華・柯塞爾（Howard Cosell）也不認為。之前，喬伊・佛雷澤（Joe Frazier）和肯・諾頓（Ken Norton）都擊敗了阿里，而福爾曼僅僅兩回合就擊敗了這兩人。阿里的致勝策略究竟是什麼？他利用福爾曼這位較年輕拳王的弱點——欠缺忍耐力。

　　阿里知道，若他能夠誘使福爾曼逼近他所站的繩邊，就能夠善加利用。因此，阿里使出後來名為「Rope-a-Dope」（以逸待勞，伺機反攻）的戰術，靠在繩上，護住自己的臉，福爾曼在前七回合中揮了幾百拳，到了第八回合已經疲乏、撞牆了，此時阿里出其不意，連揮兩拳，擊倒了福爾曼。

　　撞牆並不是一道障礙，而是一個新的機會。藍斯・阿姆斯壯二度嘗試贏取環法自由車賽冠軍，再度爬上山區賽段。第一個大山區賽段，是他當年稍早的春雨天發生嚴重摔車的路段。那次摔車，他腦震盪，還摔裂了一節脊椎。現在，又碰上雨天，但藍斯並沒有因為先前事故而心生憂慮或猶豫，他說：「這是理想的攻擊型天氣，我知道其他車手不

喜歡這種天氣。我相信，世界上沒有人比我更能吃這苦頭的了，這種天氣對我來說是好事。」他說的沒錯，他再度贏得環法自由車賽冠軍。

當形勢很好時，事情很容易，沒有任何事物令人分心，沒有人來干擾，也沒有誘惑，你的步伐並未受到任何擾亂；但此時，幾乎所有人也都表現得很好。要等到情況艱難、問題浮現、誘惑很大時，你才有機會證明你的進展是可敬的。誠如隆恩所言：「別指望事情變得容易，要期許自己變得更好。」

當你的紀律、例程、節律及恆心撞牆時，切記，此時正是你有別於以往的自己的時刻。勇敢衝破那道牆，找到更強壯、凱歌高唱、更成功的新自己。

如何讓成果倍增？

我有一個令人興奮的機會要提供給你。前文已

別指望事情變得容易，要期許自己變得更好。

經討論過，簡單的紀律與行為，歷經時日，將複利倍增，為你創造出非常豐碩的成果。若我現在告訴你，你可以加快這項過程，倍增你的成果呢？有興趣嗎？接下來，我要讓你看看，只要稍微再努力一下，就能讓你的成果大增。

　　假設你現在正在接受重訓，一組要做 12 下。若你做了 12 下，完成預定組數，你已經達成期望值。很好！只要持之以恆，你最後會看到訓練經由複利滾出的成果。不過，若你做完 12 下，即便感覺好像已經達到緊繃了，但只要再繼續多做個 3 到 5 下，你這套動作的影響將會增加好幾倍。可別以為你只是在鍛鍊中多加了幾下而已，在你達到最大量之後多做的那幾下，將會使你的成果倍增。你剛剛突破了你的極限之牆，前面的 12 下只是帶你走到牆前；真正的重大成長，來自於你到達這道牆後所做的事。

　　「永遠的魔鬼終結者」阿諾・史瓦辛格（Arnold Schwarzenegger），使一種名為「借力法則」（The Cheating Principle）的重訓方法變得出名。阿諾是

個對完美技巧很堅持、固執的人，他主張，當你以完美形式達成你的最大舉重量之後，調整你的手腕或向後傾，使用身體其他部位的肌肉，來幫助訓練中的肌肉（稍微作弊一下），可以讓你再多做 5、6 次重複動作，將明顯改善訓練成果。（如果你自己做不到的話，也可以讓你的訓練夥伴幫你一把。）

　　如果你都有在跑步，就應該知道這種體驗了。當你完成你當日設定的目標，感覺有點累了，好像快要撞牆了，只要再多跑一點、跑久一點，就是你的極限的延伸，你就已經把這一趟跑步的成果倍增了。

　　還記得第 1 章談過的那神奇一美分嗎？每天價值翻倍、小小的複利行動，在 31 天之後，已經滾成上千萬美元。若在這 31 天的期間，你每週把這一美分多翻倍一次，31 天之後，複利效應將把這一美分滾成 1.71 億美元。也就是說，只須其中四天多努力一點，成果就翻了許多倍，只是比期望值多做一點，這就是複利效應的數學。

　　為了讓你的成果倍增，最好的方法之一，就是

把你當作你自己最頑強的敵人。在你撞牆時，請努
力超越那道牆。把成果倍增的另一個方法，就是超
越他人對你的期望，做得比「足夠」還要多。

超越期望

　　歐普拉‧溫芙蕾（Oprah Winfrey）善於使用這
項法則，會用她的慷慨和能力，大大超越人們的期
望，在生活與工作上創造出重大成就。各位知道她
2004 年 9 月如何推出第 19 季的《歐普拉‧溫芙蕾
秀》（*The Oprah Winfrey Show*）嗎？說到歐普拉，
大家都會預期有點熱鬧……但那一季的開場，她帶
給所有人的震驚，日後仍為媒體和人們津津樂道。

　　我們花幾分鐘的時間來回顧一下……那天的現
場觀眾獲邀，是因為他們的親友寫信給節目，說這
些人迫切需要一輛新車，並且提出了好理由。節目
一開場，歐普拉點名其中 11 個人上台，送他們每

請把你當作你自己最頑強的敵人。
超越他人對你的期望，做得比「足夠」還要多。

個人一輛 2005 年分的龐帝克 G6（Pontiac G6）。接下來，才是最大的驚喜，她超越了所有人的期望，發給其餘所有現場觀眾每人一個禮盒。她說，其中有一個盒子裝了第 12 輛車的鑰匙。但是，當這些觀眾打開手上的禮盒，每個人都獲得了一副汽車鑰匙，歐普拉在台上大喊：「人人有獎！每個人都有一部車。」

　　這或許是她最有名的例子之一，但她繼續在她做的幾乎每一件事上，超越我們的期望。在另一次的節目中，歐普拉帶給一位在寄養家庭和遊民收容所渡過多年歲月的 20 歲女孩的驚喜是：四年的大學獎學金、一個新造型，以及總價值一萬美元的衣服。而且，還有個收養了八名寄養小孩的家庭，快被趕出他們現在居住的房子，歐普拉贈送這家庭 13 萬美元，讓他們得以支付並修繕房子。

　　你可能會說：是呀，她是歐普拉，當然有能力做這些事！但事實是，很多像歐普拉這麼有錢、有名的人，也有能力做這些事，但從未踏入如此非凡的境界。歐普拉做到了，所以她才是歐普拉。向她

學習，你在生活中的每一個層面，都可以做得比期望得還多。

當年，我向我太太喬芝雅求婚時，大可以做一般人期望的——和她父親見面，請他把女兒嫁給我。不過，我決定對未來的丈人展現更高敬意，我練習用葡萄牙語說我準備說的話（我請喬芝雅的妹妹幫忙翻譯。）我的丈人聽得懂英語，但不是很自在。我從洛杉磯開車前往聖地牙哥的途中，一直不斷地練習。我拿著鮮花和禮物走進她的家門，請她父親來到客廳，然後我用葡萄牙語說出那番求婚詞，謝天謝地，他說：「好！」

這還沒完。在回程及接下來幾天中，我打電話給她的五個兄弟，請他們接受我成為他們的妹婿。有些兄弟很容易說服，其他的則是設下關卡，要我通關，才能夠贏得他們的認同。喬芝雅後來告訴我，我的求婚方式中最特別的層面之一，是我對她父親的尊重，以及我打電話給她的每一個兄弟（還有，請她妹妹教我葡萄牙語。）這使得我的求婚格外特別，而我的努力獲得了巨大回報。

　　史都華‧強生（Stuart Johnson）是《成功》雜誌母公司 VideoPlus L.P. 的業主，他決定收購這本雜誌、SUCCESS.com，以及成功媒體公司其他資產時，不僅砸下重金，也賭上二十二年的聲譽。在近年史上最艱困的經濟時期之一，以及印刷刊物前景不被看好之際，這項收購行動本身已經是相當大膽了，但他做得比大家期望得還多。

　　新收購的事業還在奮發向上（意思是：還在虧錢），他的主力事業也和 2008 年全球金融危機期間的絕大多數企業一樣，都在倒退中。但在此困境，史都華仍然創立了一個鼓勵、支持青少年的非營利基金會。他的理念是，既然他要致力於幫助教導個人發展的基本法則與方法，那麼他尤其想確保把這些資訊傳遞給青少年，所以便創立了成功基金會（SUCCESS Foundation, www.SUCCESSFoundation.org）。他把個人發展與成功的基本法則編纂成書——《青少年成功法則》（SUCCESS for Teens），透過負責的夥伴和非營利組織免費贈送，幫助教育年輕世代。

　　成功基金會的行政與管理費用，都由史都華個人出資。頭一年，在幾位好友的幫助下，他出資印刷和發送《青少年成功法則》上百萬冊。現在，送出去的數量遠遠更多，而且還在持續增加中！沒有創立、資助這個新基金會，史都華就已經做出重大投資、冒了很大的風險了。創立基金會的這項貢獻和投入，使他對潛在夥伴、新聞界、他的同儕和員工的承諾增加了好幾倍。他的行動超越眾人的期望，行動大於言詞，很有力量。

　　在你的生活中，有什麼領域是當你撞牆時，你可以做得超越期望？你在哪些地方可以追求一聲「哇～」的讚賞？想讓成果倍增，你其實不需要多費很多功夫，只要多一點的努力就可以了。不論是打電話給客戶、服務顧客、表揚團隊、感謝另一半、跑步、推舉、約會、陪小孩……你可以多做點什麼，以超越期望，加速你的成果？

> 在哪些領域，你可以多做一點，
> 以超越期望，加速你的成果？

敢於不同，做出人意料的事

我天生是個反向操作者，只要告訴我大家都在做什麼，什麼是共識、什麼很普遍，我通常就會反其道而行。當每個人都向右轉，我就會向左轉。在我看來，普遍的東西就是平凡，就是普通；普通的東西，就會產生普通的成果。最普遍的餐廳是麥當勞，最普遍的飲料是可口可樂，最普遍的啤酒是百威啤酒（Budweiser），最普遍的紅酒是風時亞（Franzia）——沒錯！就是成箱賣，不賣單瓶的那種紅酒。消費這些「大眾流行」的事物，就會成為一般消費大眾，平凡的一員。這很尋常，尋常沒有不好，只是我偏好追求不凡。

舉例而言，在美國大家都寄聖誕卡，我認為既然大家都這麼做，其實就不會產生多大的情感效果，所以我選擇寄感恩節卡片。你收過多少張感恩節卡片？很少，對吧？瞧，道理是否不言而喻？還有，我寄的卡片可不是用電腦打字、量產的「祝福卡片」，我會親手寫上我的個人感想，表達我有多

麼感謝我和對方的關係，以及對方對我的含義。同樣都是寄卡片，但效果明顯好得多。

維珍集團創辦人理查‧布蘭森，靠著做一些出人意料的事、令人驚豔，來建立他的事業。我喜歡看他創辦一家又一家的新公司，他的行動一個比一個大膽、驚人，更加出人意料。不論是乘坐熱氣球環遊世界，或是在美國推出維珍可樂（Virgin Cola）時，把一輛坦克車開上紐約市第五大道，布蘭森總是有一些出人意料的驚人之舉。

他大可發布一般預期得到的新聞稿，舉辦一、兩場記者招待會，辦一場時髦派對，就這麼結束，但他選擇令人驚豔。為了推出一項產品，他的花費也許跟其他公司差不多（有時可能比較少），但他總是選擇用出人意料的方式。驚歎元素是一種表態，使得他的宣傳活動效果倍增。

付出額外的努力，通常不會花多少錢或精力。我從事房地產銷售工作時，每當有房屋的托售合約到期，很多銷售經紀人都會爭相搶簽新的代售合約，我的做法是開車前往屋主家，親自送上一幅

「已售」標牌。當屋主前來應門時，我會遞上這幅標牌說：「請收下。若您雇用我銷售您的房子，就會真正掛上它。」其實，我只付出了少許的汽油錢，爭取到代售合約的機會馬上大幅提高。

最近，我的朋友艾力克斯應徵了一份重要工作。他住在加州，那個工作的地點在波士頓，他是篩選後剩下的十二名應徵者之一。那間公司要求波士頓當地的應徵者親自面談，外地的應徵者則是採取視訊面談。艾力克斯打電話給我，問我知不知道如何增進視訊會議的效果。

「你有多希望爭取到這份工作？」我問。

「這是我夢寐以求的工作，」艾力克斯說：「我花了四十五年的時間準備，就是渴望獲得這樣的工作。」

「那就搭飛機親自去面談，」我說。

「還不用，」艾力克斯說：「篩選到剩下最後三名應徵者時，他們才會要求我飛到當地面談。」

「聽好了，」我告訴他：「若你想成為最後三人的其中一個，你應該做一些出人意料的事，讓自己

脫穎而出。從西岸飛到東岸，親自面談，是你的一種表態。」

若我瞄準一個目標，我會全力以赴，以確保成功。我會啟動我所謂的「震撼與敬畏」的行動。我建議艾力克斯使出渾身解數，從每一個可能的陣線進攻，奮鬥不懈。

我建議：「你可以調查所有的聘雇決策者，找出他們的興趣、嗜好、他們孩子的嗜好、他們另一半的嗜好、他們鄰居的嗜好等。把你認為他們可能會喜歡的書籍、文章、禮物及其他資源寄給他們。『這會不會做得太過頭了呀？』會呀，但這就是重點。他們知道你在試圖討好他們，但他們會欣賞你的進取心和創造力。你一定能夠引起他們的注意，而且很可能也會贏得他們的重視。」

我繼續說：「調查那個組織的所有人，拿著這份名單，去查你的整個人脈中，是否有人（或他們認識的人）認識這些人。查你的領英（LinkedIn）帳號中每一個聯絡人的檔案，找幾個可以搭上線的人，跟他們相談，請他們為你美言幾句，把禮物、

便條和其他東西寄給他們，請他們親自遞送這些東西給決策者。過程中，打電話、寄 email、發傳真、寫推文或臉書等訊息給他們。『這樣會不會嫌太過進取了呀？』是呀，是太過進取了。但我的經驗是，在五次太過進取的行動中，你可能失去一次機會，但是你贏得其他四次啊！」

艾力克斯沒有聽我的建議，很可惜他沒有得到那份工作，甚至沒能進入最終決選的三人名單。我很肯定，艾力克斯遠遠優於該組織最後錄用的那個人，但他沒能製造印象，使得他沒能獲得他夢寐以求的工作。

我是一家公司的董事會成員，該公司需要一位國會議員簽署一項法案，這項法案影響到公司能否推行一項重要計畫。這位議員堅持不讓步，但並不是因為這項法案涉及的議題本身，而是因為他別有政治目的去對抗那些公開支持這項法案的人。我提議，我們去找他的老闆——他太太。

我們透過人脈找到一個人，那個人把我們引介給議員夫人的一個朋友。我們就到教堂外去等，等

她做完禮拜，她那位朋友把我們介紹給她。我們向她解釋我們的情況與理想——在一個貧窮社區興建一個課後活動場所，若她的先生能夠支持，將會影響數百個小孩的生活。不用說，這位議員在隔週二簽署了這項法案，公司推動了計畫。

在這個注意力不足、訊息過度飽和的社會，有時候你必須做一些出人意料的事、令人驚豔，才能夠讓你的聲音被聽見。若你有一個值得關注的理想，盡你所能，甚至用出人意料之舉，讓你的倡議被聽見。沒關係，必要時，大膽一點又何妨？

追求卓越，做到優於期望

「被遺忘的小孩」（Invisible Children, Inc., www. InvisibleChildren.com），是我擔任董事會成員的另一個非營利組織，該組織幫助拯救、療復在北烏干

> 有時你必須做一些出人意料的事、令人驚豔，
> 才能讓你的聲音被聽見。
> 必要時，大膽一點又何妨？

達及剛果被綁架去當兵打仗的小孩。為了宣傳理念，這個組織在一百座城市，同步發起一場名為「拯救」（"The Rescue"）的活動，成功號召了超過八十萬名年輕人夜宿外面，直到當地社區的著名領袖前來「拯救他們」，以引起群眾注意和支持。

　　四天後，其中的九十九座城市都被「拯救」了，現身的名人包括已逝的參議員泰德・甘迺迪（Ted Kennedy）、前國務卿約翰・凱瑞（John Kerry）、好萊塢男演員方・基墨（Val Kilmer）、女演員克莉絲汀・貝爾（Kristen Bell）等。最後一座被「拯救」的城市是芝加哥，出面的是在活動前六天都未現身的歐普拉。在第四天時，活動舉辦者組織了遊行隊伍，繞著歐普拉的工作室不停地走；第五天，他們整天整夜載歌載舞。第六天，在忍受了惡劣天候、在雨中睡覺之後，五百多名活動參與者從凌晨三點半開始包圍她的工作室，手舉著標語，安靜地站著。

　　那天早上，歐普拉步出她的製作公司哈波工作室（Harpo Studios），和該組織的創辦人交談，並

邀請全員參與那天早上可以觸及全美兩千多萬觀眾的現場直播單元。這使得該組織後續得以現身《賴瑞・金現場》（*Larry King Live*）節目和其他 232 個新聞節目，觸及了超過 6,500 萬人。後來，美國國會通過一項法案，支持該組織拯救這些孩童的行動。「被遺忘的小孩」推出「拯救」活動，已經達成超出期望的效果，但少許格外的進取和堅定，拿下最後一座城市，再加上歐普拉的關注，為該組織贏得截至目前為止最大的動員行動，使成果增加了千百倍。

找出期望水準，超越它，縱使是小事——或許應該說，尤其是小事——更應該如此。舉例來說，不論我認為一場活動的穿著標準是什麼，我總會選擇比這個標準更上一層樓。如果我不確定應該穿什麼，我寧願穿著正式衣服。你大概會說，這很簡單的事嘛！我知道，但這只是我向來追求做得比預期更好的例子之一。

我為大公司進行演講時，會花相當多的時間準備，我會試圖了解這間公司、相關產品、市場，以

及他們對我演講的期望。我的目標向來是明顯超越期望,達成方法是透過孜孜不倦的準備來做到這件事。做到優於期望,將成為你的聲譽的一個重要部分;你追求卓越的聲譽,將使你在市場上的成效增加許多倍。

我和一位執行長合作過,他的理念之一是比合約承諾的早幾天付款給人,包括他的通路和供應商。每次我在當月 27 號從他那裡收到下個月的帳款,我都會覺得訝異。我問他,為何總是提早付款?他說了很簡單的道理:「反正都是要付錢,這麼做可以獲得無法估量的驚喜和親善,為何不做?」

這也是我非常欽佩賈伯斯的原因之一,在《成功》雜誌報導的所有傑出封面人物當中,他是我最喜愛的其中一位。不論你對蘋果公司接下來要推出的產品抱持什麼期望,賈伯斯總是有一點(或者很多)格外的東西帶給你驚喜。宏觀而言,這格外的

追求卓越的聲譽,
將使你在市場上的成效增加許多倍。

東西可能只是一個小小的附加功能；就算如此，它是優於期望，倍增顧客對他的印象與反饋，加深了果粉的忠誠度。

在這個絕大多數事物不符合期望的世界，藉由做到優於期望，可以顯著加速你的成果，使你脫穎而出。我喜歡《成功》雜誌 2008 年 12 月號封面人物羅伯特・舒樂（Robert Schuller）牧師在接受訪談時說的：「我認為，凡是開頭不令人覺得『哇！』的點子，都不值得。」

諾斯壯百貨（Nordstrom）向來以這種水準聞名，在客服方面，他們總是致力於做到優於期望。諾斯壯為人所知的故事是，他們接受顧客退貨一年多前購買的商品，可以不用收據，甚至有顧客把他們在別家店購買的商品拿來退，諾斯壯也接受了。他們為什麼要這麼做？因為他們知道，超越期望有助於建立信任，創造顧客忠誠度。結果，他們的聲譽很好，持續吸引注意力。你不信？我這不就是在向你稱讚他們的客服很卓越了嗎？而且，效力還在加倍當中呢。

　　我在此挑戰你：在你的生活中——你的日常習慣、紀律及例程中——採行這些理念，多花一點時間、精力和心神再努力一下。這麼做，將不只能夠改善你的成果，而是能夠倍增你的成果。想要變得不凡，只需要付出少許的額外努力。請在你所有的生活領域尋找倍數機會——你可以再走遠一點、多逼自己一點、維持得稍微久一點、準備得更好一點、實踐得更多一點的層面。有什麼事是你可以比期望做得更好、更多的呢？什麼時候你可以做點出人意料的事？尋找更多機會令人驚豔，你達到的成就水準和速度，將會使你和周遭的人大吃一驚。

你可以這樣運用複利效應

> ➚ 你何時會碰上你的關鍵時刻（例如，打電
> 話給潛在顧客、運動，和另一半或孩子溝
> 通時）？辨識這些關鍵時刻，好讓你知道何
> 時要努力撐過去，才能夠獲得新的成長，
> 也知道你在哪些地方可以有別於其他人和
> 以往的自己。
>
> ➚ 找出三個你能夠付出額外努力的生活領域
> （例如，重訓的重複次數、電訪、肯定他
> 人、表達感謝等。）
>
> ➚ 找出三個你能夠超越期望的生活領域。你
> 可以在何處、如何創造令人讚嘆的驚喜時
> 刻？
>
> ➚ 找出三種方法你可以做一些出人意料的
> 事。哪些地方你可以讓自己有別於一般、
> 普通或平均期望值？

結語

啟動漣漪效應，
活出有意義的人生！

　　學習而不實行，這種學習是無用的。我寫這本書，可不是為了自娛（這件事很辛苦！），也不只是為了「激勵」你。沒有行動的激勵，只是在自欺欺人罷了。如同我在前言說的，複利效應與它將在你的生活中顯露的成果是真確且驚人的，你可以不必再一直祈禱成功找上門。

　　複利效應是一項工具，結合持之以恆、有益的行動，將在你的生活中產生顯著、持久的差異。請讓這本書和前幾章介紹過的方法與理念成為你的指

南，請讓這本書探討的思想與成功策略滲透你的生活，為你帶來真切、顯著的成果。每當你發現那些看似無害的小小壞習慣逐漸返回你的生活時，請拿出這本書。每當你不能持之以恆、故態復萌時，請拿出這本書。每當你想再度點燃你的幹勁、找回支撐你的動機時，請拿出這本書。每次你閱讀這本書，就是在招喚大魔造訪你的生活。

　　讓我告訴你，是什麼激勵我。我的人生核心價值觀，就是要做有意義的事。我的渴望是：對他人的生活造成正面的影響。因此，為了達成我的目標，我需要你先達成你的目標。我追求的是你因為人生改變提出成果證言，我希望能夠收到你的 email 或信函。如果有幸，我們能在機場遇見，不管是在明年、五年或十年後，請把我攔下來，告訴我，你因為使用這本書的概念與方法，獲致驚人的成果。唯有如此，我才會知道我已經達成我的目標，實踐了我的核心價值觀。

　　為了獲得你想要的那些成果（以及我想看到的證言），你必須對你的新洞察和知識採取行動。未

被投資的點子只是白費，我不想看到這種情形。請現在就對你的新信念採取行動，你已經獲得力量了，我希望你能夠好好把握住機會。

你準備好做出明顯改進了，對吧？當然，答案顯然是：「對！」相信你絕對知道，嘴巴上說說和實際做出必要改變，是兩碼子事。想要獲得不同的成果，你必須採取不同的做法。

不論你住在哪裡、何時發現這本書，我想問你下列幾個簡單的問題：「回想你五年前的生活，你現在的境況，是你當時認為五年後的自己將達到的樣貌嗎？你已經戒掉你發誓要戒的壞習慣了嗎？你現在的身材是你想要的嗎？你是否滿意現在的收入？你擁有令人羨慕的生活型態，以及你期望的個人自由嗎？你的身體健康嗎？人際關係好嗎？你培養出一流的技能了嗎？」

如果你的答案都不是的話，為什麼？很簡單，跟你的選擇有關。是時候做出新選擇了──選擇別讓你接下來的五年，又是過去五年的延續；選擇就此永久改變你的生活。

　　請讓你接下來的五年，和過去五年截然不同吧！我希望你現在十分清楚，成功必須付出什麼代價。你不能再找藉口了！跟我一樣，你會拒絕被最新的花招欺騙，或是被快速解方誘惑而分心。你會聚焦在簡單但深刻的原則，維持紀律，引導自己走向你想要的方向。

　　你知道，成功並非一蹴可幾。你了解，當你承諾時時刻刻都要做出正面、有益的選擇，儘管不會有明顯、立即的成效，複利效應也會把你帶到令你、你的親友和你的競爭者吃驚、困惑的高度。當你堅信你的動機，對你的新行為和習慣持之以恆時，成功的動能將會快速把你往前推。結合動能、持之以恆和正面、有益的行動，你未來五年的生活，將不大可能和以前相同。相反地，當你讓複利效應成為你的助力，我敢打賭，你會獲得你現在無法想像的成就！回過頭來看，也許會令你感到非常驚奇。

　　我還有一個寶貴的成功法則要提供給你。我發現，在生活中，不論我想要什麼，獲得它的最佳途

徑就是把我的心力聚焦在給予他人。如果我想要增加自信，就會設法幫助他人感覺到更有自信。如果我想要感覺更樂觀、積極、受到激勵，就會嘗試對他人注入這種感覺。如果我想要變得更成功，最快速的途徑就是幫助他人獲致成功。

幫助他人，慷慨付出你的時間和精力，將會產生漣漪效應，使你成為你的善行的最大受益人。為了改善你的生活軌跡，我請你採行這簡單的第一小步，也在你的生活中嘗試這個法則：若你覺得這本書有價值、對你有幫助，請考慮送給你關心的五個人，你希望他們獲致更大成功的五個人，一人一本。他們可能是你的親人、朋友、團隊成員、工作往來的夥伴、你景仰的企業主，或是你才剛結識、想要幫助他們的生活有所不同的人。

我知道，這聽起來比較像是在造惠我——當然呀，可別忘了！我想要看到你的成功證言，我的目標是影響數百萬人的生活；為了達成這項目標，我需要你的幫助。但是，我向你保證，最後受益最多的人會是你。幫助他人找到獲致更大成就的方法，

是你在生活中使用這些方法的第一步；在此同時，你又能顯著影響他人的生活。這本書可能永久改變一個人的生活，你可以把這本書送給那個人；沒有你，他們可能永遠都不會發現這本書。

　　你想把這本書送給哪五個人？請寫下他們的姓名：

1.）＿＿＿＿＿＿＿＿＿＿＿＿＿＿＿＿＿＿＿＿

2.）＿＿＿＿＿＿＿＿＿＿＿＿＿＿＿＿＿＿＿＿

3.）＿＿＿＿＿＿＿＿＿＿＿＿＿＿＿＿＿＿＿＿

4.）＿＿＿＿＿＿＿＿＿＿＿＿＿＿＿＿＿＿＿＿

5.）＿＿＿＿＿＿＿＿＿＿＿＿＿＿＿＿＿＿＿＿

　　由衷感謝你把寶貴的時間分享給我！非常期待讀到你的成功故事。

　　祝你成功！

　　戴倫・哈迪

謝辭

　　感謝我在成功媒體（SUCCESS Media）和《成功》（*SUCCESS*）雜誌的團隊，謝謝他們支持我渡過撰寫本書這段血汗與淚交織的辛苦日子，尤其是我的好友暨同事里德・比爾布瑞（Reed Bilbray）和史都華・強生（Stuart Johnson）。

　　感謝我的寫作繆思暨合作夥伴琳達・席沃森（Linda Sivertsen），她協助我從過去的經驗中找出有趣的故事和參考資料，使我的寫作流程有條不紊、論述清楚。

　　感謝艾琳・凱西（Erin Casey）的編輯才能，以及總是神來一筆的《成功》雜誌編輯莉莎・歐克（Lisa Ocker）和總編輯黛博拉・海茲（Deborah Heisz）。

　　感謝過去二十多年間我共事與學習過的許多傑出個人發展專家，包括我有幸訪談並從中汲取新洞見、思想與智慧的所有執行長、創新創業者，以及各領域的傑出成就人士。

　　感謝我在《成功》雜誌、部落格與其他著作的所有讀者們，他們的熱情與反饋為我帶來了莫大的鼓勵，使我想要繼續追求我的潛能巔峰，也激勵我幫助他人追求、發揮他們的潛能。

　　最後，也是最重要的，我要感謝我美麗、賢慧的太太喬芝雅。由衷感謝她在我努力完成這本書的時期，犧牲了許多沒有我陪伴的夜晚和週末。

附錄

8 大自我量表

感激量表

我人生中很棒的三個人是：

1. _____

2. _____

3. _____

我身體很棒的三點是：

1. _____

2. _____

3. _____

我家和我居住的地方很棒的三點是：

1. _____

2. _____

3. _____

我的工作和上班的地方很棒的三點是：

1. _____

2. _____

3. _____

我有三項很棒的獨特天賦和技能是：

1. _____

2. _____

3. _____

我習得三項很棒的知識和經驗是：

1. _____

2. _____

3. _____

我覺得人生中很「幸運」的三件事是：

1. _____

2. _____

3. _____

我覺得人生富有、充足、如意的三件事是：

1. _____

2. _____

3. _____

核心價值觀量表

核心價值觀是你人生中的 GPS，找到你的核心價值觀，並且進行適當修正，是把生活重新導向你最大願景的最重要步驟之一。下面一系列的問題，將幫助你評估、省視什麼對你來說才是真正重要的事，以及你人生中最要緊的東西。請認真回答每一道問題，我會幫助你選出你人生中最重要的幾項核心價值觀。

我最尊敬的人是誰？他們的核心價值觀是什麼？

_____

_____

我最要好的朋友是誰？他／她的前三大特質是什麼？

_____

_____

如果我能夠立刻更具備某項特質，那是什麼？

_____

_____

我討厭的三件事物是？（例如，對動物殘忍、信用
卡公司或砍伐森林等。）

_____

_____

這世上我最不喜歡的三個人是誰？為什麼？

_____

_____

大家最常讚美我的人格特質、特徵或優點是什麼？

_____

_____

我最想傳承給孩子的三項最重要價值觀是什麼？

_____

_____

生活量表

面對事實

這份量表的答案沒有對錯，也不是在打分數，更不是要解讀任何事物，只是你對自己的認真評估。請誠實作答。縱使你誠實的答案，可能會令你覺得有點丟臉或難過；別忘了，別人不需要看到你這份自我評量，還有自欺者永遠不會成功。

**請用 1 到 5 分來評估每個項目，
1 分代表最不真確，5 分代表最真確。**

人際關係和家庭	
我每週至少花 10 小時的時間專注和家人相處。	1 2 3 4 5
我每週至少和朋友聚會一次。	1 2 3 4 5
人生中沒有我不能完全寬恕的人。	1 2 3 4 5
我積極學習如何當一個更好的伴侶、家長或朋友。	1 2 3 4 5
我積極支持、幫助我的朋友與家人成功。	1 2 3 4 5
當人際關係發生衝突時，我主動承擔所有責任。	1 2 3 4 5
我很容易信任與我一起生活和工作的人。	1 2 3 4 5
我對與我一起生活和工作的人 100% 誠實、坦率。	1 2 3 4 5
對他人做出承諾，並且信守承諾，對我而言是容易的事。	1 2 3 4 5
我知道自己何時需要幫助，並且會持續尋求協助。	1 2 3 4 5
總分：	

體能／健康	
我每週至少做三次肌力訓練。	1 2 3 4 5

我每週至少做三次有氧運動。	1 2 3 4 5
我每週至少做三次伸展或瑜伽之類的運動。	1 2 3 4 5
我通常一天看電視不超過一個小時。	1 2 3 4 5
我每天吃早餐,而且不只是喝咖啡。	1 2 3 4 5
我從不吃速食。	1 2 3 4 5
我每天至少在外面待上30分鐘。	1 2 3 4 5
我每晚至少有8小時的安穩睡眠。	1 2 3 4 5
我每天喝的含咖啡因飲料不超過一種。	1 2 3 4 5
我每天至少喝8杯水。	1 2 3 4 5
總分:	

工作	
我前一天就會規劃工作內容。	1 2 3 4 5
我會固定寫下目標,讓它們出現在可以提醒我的地方,並且定期檢視目標。	1 2 3 4 5
我喜歡我的工作內容,每天都想早起工作。	1 2 3 4 5
我常常會因為工作獲得成就感與滿足感。	1 2 3 4 5
我持續精進職業技能,不僅增強優勢,也補足了一些弱點。	1 2 3 4 5
如果可以的話,就算沒有報酬,我還是願意做我的工作。	1 2 3 4 5
我每天都會準時回家陪伴家人。	1 2 3 4 5
現在這份工作,有潛力實現我明年的財務目標。	1 2 3 4 5
現在這份工作,有潛力實現我未來十年的財務目標。	1 2 3 4 5
現在這份工作讓我覺得很有意義,因為對他人的生活帶來正面影響。	1 2 3 4 5
總分:	

財務	
我有很完整、詳細的預算規劃，而且一直都能遵守這些規劃。	1 2 3 4 5
我的資產組合經過專業規劃，配置相當多元。	1 2 3 4 5
每個月，我都能存下至少 10％的所得。	1 2 3 4 5
我沒有卡債。	1 2 3 4 5
我有六個月的預備金，急難時可以使用。	1 2 3 4 5
我覺得我的勞務報酬和我的價值相符。	1 2 3 4 5
我有遺囑，並且會固定更新遺囑。	1 2 3 4 5
如果真的發生什麼事，需要的保險我都有，也早就為家人做好財務規劃了。	1 2 3 4 5
我有詳細的退休計畫，可以支應我想過的退休生活，安享餘年。	1 2 3 4 5
我每個月的開銷不會超過所得，我從來不會隨便亂花錢。	1 2 3 4 5
總分：	

精神／心靈	
我自認為是個有靈性的人。	1 2 3 4 5
每天我會花 20 分鐘冥想，思考我的生活。	1 2 3 4 5
和我接觸過的人，都認為我是個有靈性的人。	1 2 3 4 5
我和我的靈性源頭保持個人關係。	1 2 3 4 5
我每天都會研讀我的精神信仰。	1 2 3 4 5
我每天都會實踐我的精神信仰。	1 2 3 4 5
我每天都會傳授我的精神信仰。	1 2 3 4 5
我的生活方式依據我的精神信仰。	1 2 3 4 5

我一直使用靈性，來幫助解決我的問題。	1 2 3 4 5
我一直使用靈性來幫助他人。	1 2 3 4 5
總分：	

心智／內在	
我每天至少會花 30 分鐘閱讀有教育性或勵志性的內容。	1 2 3 4 5
我每天至少會花 30 分鐘聆聽有教育性或勵志性的音頻。	1 2 3 4 5
我完全掌握最新的產業消息。	1 2 3 4 5
我每天主動尋找和我的領域有關、有教育性的資訊。	1 2 3 4 5
我有一位我很信賴的導師。	1 2 3 4 5
我所有的朋友對我的生活都有正面影響。	1 2 3 4 5
我從來不會討論別人的八卦。	1 2 3 4 5
我每天都會檢視重要的目標。	1 2 3 4 5
我每天都會重新審視我感激的事物。	1 2 3 4 5
對於不符合我的核心價值觀或目標的要求或責任義務，我向來拒絕。	1 2 3 4 5
總分：	

生活型態	
工作之餘，我有一些很享受的嗜好，每週至少會從事三次。	1 2 3 4 5
我每個月至少會參加兩次藝文活動（例如，聽歌劇、上博物館、去戲院。）	1 2 3 4 5
我每年至少會渡假一次，完全不工作。	1 2 3 4 5
我花和我預期一樣多的時間陪伴家人。	1 2 3 4 5
我花和我預期一樣多的時間與朋友相處。	1 2 3 4 5
我不斷尋求冒險，嘗試一些新鮮的事，為生活創造不同體驗。	1 2 3 4 5
我覺得有足夠的時間，可以做我需要和想要做的事。	1 2 3 4 5
我每天盡量過得充實。	1 2 3 4 5
我每天會花一點時間做白日夢。	1 2 3 4 5
我每天完全活在當下。	1 2 3 4 5
總分：	

生命之輪量表

請評估你目前的狀態，將生活量表的分數加總起來填入下列圖表。請參考下列標示，從中心點開始畫，然後將各個刻度線連結起來，就能看出你的生命之輪現在的平衡狀態。這個量表讓你清楚看出你目前缺乏或表現不佳的部分，知道自己需要加強或改進哪些地方。

怎麼畫？從中心點開始，5 分＝刻度線 1；6–10 分＝刻度線 2；11–15 分＝刻度線 3；16–20 分＝刻度線 4；21–25 分＝刻度線 5；26–30 分＝刻度線 6；31–35 分＝刻度線 7；36–40 分＝刻度線 8；41–45 分＝刻度線 9；46–50 分＝刻度線 10；家庭和人際關係兩條刻度線使用同一個分數。

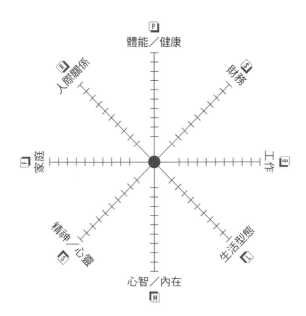

習慣量表

神奇的力量來自於變成你需要成為的人,這樣才能吸引
到你想結識的人,或是達成你想要的成果。請使用下列
範例,評估你達成目標的元素。

範例:

目標:今年多賺 10 萬美元
關於「我必須變成怎樣的人」的一般描述:
• 我是個有紀律、能夠掌握時間效率的高手。 • 我只聚焦於高報酬、高生產力的行動。 • 我每天早上提早一個小時起床,回顧我的首要目標。 • 我攝取適當營養,每週運動四天,好讓自己工作時能夠常保精神充沛、高效能。 • 我餵養大腦能夠鼓勵自己、支持熱情的思想與靈感。 • 我盡量讓身旁都是能夠提高我的期望,刺激我追求更高水準紀律、志向與成就的同儕和導師。 • 我是個聰敏、有自信、有效能的領導者。 • 我主動探索、培養身邊每個人的長處和卓越特徵。 • 我為客戶提供卓越的服務,持續尋找能夠帶給他們驚喜的方法,鼓勵他們再度與我合作,為我引介更多客戶。
我必須開始的新習慣、紀律或行為:
• 每天早上 5 點起床,餵養大腦有益資訊──每天閱讀 30 分鐘,或是聆聽勵志或教育內容 30 分鐘。 • 30 分鐘安靜思考的時間。 • 30 分鐘規劃的時間;早餐吃健康高纖食物和高蛋白質。

- 每週至少運動 3 次，每次至少持續 30 分鐘。
- 每週拜訪 10 個重要的新客戶；每週和 10 個現有客戶保持聯絡，提供服務，進一步發展合作關係。
- 每晚規劃翌日行程；記得員工和客戶的生日和週年紀念日；追蹤目標客戶的新聞、部落格和各種更新訊息……。

我必須增加的現有好習慣、紀律或行為：

- 持續表揚達到成果或目標的團隊成員。
- 充分授權。
- 早早進辦公室。
- 即時回覆，不拖延。
- 穿著專業。

我必須戒掉的壞習慣或行為：

- 晚上看兩個小時的電視，開車途中聽新聞。
- 參加無效會議，未能拒絕和最高優先要務衝突的計畫。
- 和同事閒聊八卦，抱怨經濟、市場、同事或客戶。
- 在工作時間接聽私人電話，或是瀏覽臉書或其他社群媒體。
- 晚上 7：30 後吃東西，喝超過一杯紅酒。
- 浪費太多時間進行無效益的午餐之約……。

最重要的三項改變，如何落實到我的日常行程中：

習慣、行為或紀律	執行方法
餵養大腦	早上煮（喝）咖啡時，閱讀 30 分鐘。在通勤途中，聆聽有益的內容。
每週拜訪 10 個新客戶	週二下午 2-5 點；週三早上 10-12 點；週四下午 1-4 點。
有益的人際往來	兩週參加一次優秀論壇。

你的三個主要目標

第一目標：
關於「我必須變成怎樣的人」的一般描述：
我必須開始的新習慣、紀律或行為：
我必須增加的現有好習慣、紀律或行為：
我必須戒掉的壞習慣或行為：

最重要的三項改變，如何落實到我的日常行程中：	
習慣、行為或紀律	執行方法

第二目標：
關於「我必須變成怎樣的人」的一般描述：
我必須開始的新習慣、紀律或行為：
我必須增加的現有好習慣、紀律或行為：
我必須戒掉的壞習慣或行為：
最重要的三項改變，如何落實到我的日常行程中：

習慣、行為或紀律	執行方法

第三目標：	
關於「我必須變成怎樣的人」的一般描述：	
我必須開始的新習慣、紀律或行為：	
我必須增加的現有好習慣、紀律或行為：	
我必須戒掉的壞習慣或行為：	
最重要的三項改變，如何落實到我的日常行程中：	
習慣、行為或紀律	**執行方法**

每週節律紀錄量表

每週節律紀錄（範例參見第 170 頁）

行為／行動	一	二	三	四	五	六	日	達成	目標	淨值
							總計			

信守承諾就是言行一致，做到你說要做的事，

即便在你說這話、過了當時情緒很久以後，你依然堅持下去。

日期：＿＿＿年＿＿＿月＿＿＿日～＿＿＿年＿＿＿月＿＿＿日

輸入影響力量表

評估你的輸入

來看看你可能餵養什麼不大有益的東西給大腦。下列這些活動，如果你沒有從事的話，就填寫 0。

活動	時間		
	每天	每週	每年總計
看報紙			
看晨間電視或新聞節目			
開車途中聽新聞電台			
看晚間新聞			
看日間新聞（CNN 等）			
瀏覽新聞網頁			
閱讀 RSS 新聞			
瀏覽網頁、八卦、部落格、網站、閱讀器等			
看新聞雜誌，例如《新聞週刊》（*Newsweek*）、《時代》（*TIME*）雜誌等			
看八卦議題雜誌，例如《時人》（*People*）、《浮華世界》（*Vanity Fair*）等			
從其他源頭吸收八卦和社會新聞			
看情境喜劇或其他電視節目			
看不大鼓勵樂觀、積極看待生命的電影			
總計			

列出三種方式，可以幫助你停止或明顯減少透過報紙、電
視、電台、雜誌、網站或其他管道，吸收消極、製造恐懼、
煩惱、八卦或無用的社會評論：

_____

_____

_____

_____

_____

你計畫如何餵養你的大腦？

你可以透過哪些方法，主動餵養你的大腦樂觀、積極、正
面、豐富、成功導向的思想、資訊與內容？

_____

_____

_____

_____

_____

人際關係評估量表

評估你目前的人際往來對象

這是要評估你和家人（另一半與孩子），以及你在工作上直接往來的人（辦公室的同事，除非你在工作外也花時間和他們相處）以外的人相處的時間量。請評估他們在下列每個領域的成功程度：

姓名	健康	財務	事業／職業	心理／態度	精神／愛	家庭	人際關係	生活型態	平均
1.									
2.									
3.									
4.									
5.									
平均									

然後，把你的人際往來對象，分成下列三類：1.）脫離關係；2.）有限交往；3.）擴大交往。

1.）脫離關係

或許，上面那張表上的某個人，或是參與你生活到一定程度的任何人，對你的心理、情緒、態度、身體或其他層面有負面影響，你必須脫離他們。這些人對你

的言談內容、吃什麼、喝什麼、做什麼、看什麼、聽什麼……產生不良影響，他們是誰？

姓名
1.
2.
3.

2.) 有限交往

你和誰相處了不少時間，經過評估之後，你覺得或許應該和他們保持一點距離了？他們的本質良善，但是你們要走的方向並不一致。你們對人生的抱負、動機和目標並不相同，花太多時間和他們相處，可能會讓你停滯不前，甚至拖慢了你的腳步。

姓名
1.
2.
3.

3.）擴大交往

根據你的目標，以及你想要成為的人，你需要和哪些人更常花時間往來？他們具備什麼樣的特質？

姓名
1.
2.
3.

尋找導師

除此之外，想想看你可以在哪裡找到一位教練、訓練專家或導師，加強你的當責、加速你的成長？你當然也可以透過書籍、音頻、各種研討會，甚至上我的網站 www.darrendaily.com 找到協助。

姓名
1.
2.
3.

想要變得不凡，
只需要付出少許的額外努力。
什麼事你可以比期望做得
更好、更多？

f 星出版 Q

讀書共和國

Star 星出版 財經商管 Biz 001

複利效應

6 步驟引爆收入、生活和各項成就倍數成長

The Compound Effect

作者 —— 戴倫‧哈迪 Darren Hardy
譯者 —— 李芳齡

總編輯 —— 邱慧菁
特約編輯 —— 吳依亭
校對 —— 李蓓蓓
封面設計 —— FE 設計 葉馥儀
內頁排版 —— bear 工作室

出版 —— 星出版／遠足文化事業股份有限公司
發行 —— 遠足文化事業股份有限公司（讀書共和國出版集團）
231 新北市新店區民權路 108 之 4 號 8 樓
電話：886-2-2218-1417
傳真：886-2-8667-1065
郵撥帳號：19504465 遠足文化事業股份有限公司
客服專線 0800221029
法律顧問 —— 華洋法律事務所 蘇文生律師
製版廠 —— 中原造像股份有限公司
印刷廠 —— 中原造像股份有限公司
裝訂廠 —— 中原造像股份有限公司
登記證 —— 局版台業字第 2517 號

出版日期 —— 2024 年 06 月 26 日第一版第 32 次印行
定價 —— 新台幣 380 元
書號 —— 2BBZ0001
ISBN —— 978-986-97445-0-8

星出版讀者服務信箱 —— starpublishing@bookrep.com.tw
讀書共和國網路書店 —— www.bookrep.com.tw
讀書共和國客服信箱 —— service@bookrep.com.tw
歡迎團體訂購，另有優惠，請洽業務部：886-2-22181417 ext. 1132 或 1520

本書如有缺頁、破損、裝訂錯誤，請寄回更換。
本書僅代表作者言論，不代表星出版／讀書共和國出版集團立場與意見，文責由作者自行承擔。

國家圖書館出版品預行編目（CIP）資料

複利效應 / 戴倫‧哈迪（Darren Hardy）著 ; 李芳齡譯 .
-- 第一版 . -- 新北市 : 星出版 , 遠足文化發行 , 2019.02
272 面 ; 13x19 公分 . -- （財經商管 ; Biz 001）.
譯自：The compound effect
ISBN 978-986-97445-0-8(平裝)

1. 成功法 2. 自我實現 3. 生活指導

177.2   108000467

新觀點
新思維
新眼界